ちょうどいいブス

Before
After

ちょうどいいブス
メイク術

Point03

手グシで
無造作にほぐす。
ただしわざとらしい
しぐさは禁物。

Point02

お酒の席でも
リップグロスだけは
小まめに塗るのを
忘れない！

Point01

アイラインは
薄すぎず濃すぎず、
適度なラメを
プラス！

ちょうどいいブスのススメ

はじめに

ところで突然ですがみなさんは、自分のことを〝美人だと思っていますか?〟

この質問にほとんどの女性がこんなふうに答えるんじゃないでしょうか。

「うーん、美人ではないけど……」

私も芸人をやる前まではそんなふうに思っていました。

ところが芸人になってからのある日、先輩芸人に突然こう言われたんです。

「お前、〝ブスじゃない〟みたいな感じでやってるけど、ブスだからな」

世の中、普通に生きていたらたとえブスだったとしても、「ブス」と面と向かって言われる女の人っていないと思うんですよ。気づかいとか普通、人ならありますから(笑)。

人生で面と向かって「ブス」と言われたのはこのとき初めてだったんです。それまで自分が「美人ではない」ってことぐらいは気づいてましたけど(笑)、でもまさか自分がブスだったなんて思ってもみなくて。だから納得いきませんでしたね。そんな中、ジャングルポケットの太田さんがこう言ってくれたんです。

「でもブスはブスでもお前は〝ちょうどいいブス〟だよなぁ〜」

すると周りにいた人たちも「わかる、わかる」と大盛り上がり（笑）。それでなんとなく私も受け入れるようになっていったんです。ブスはイヤだけど〝ちょうどいいブス〟ならなんかいいかもって（笑）。

でもこの〝ちょうどいいブス〟っていう言葉、ニュアンス言葉じゃないですか。なのでネットで調べたんですよ。「ちょうどいいブス、スペース、意味」って（笑）。そしたら私と同じように「ちょうどいいブス」について疑問をもち、調べている人がすでにいたんですね。Ｙａｈｏｏ！知恵袋で「ちょうどいいブスってどういう意味ですか？」って質問があったんですよ。そこでベストアンサーに選ばれ、はなまるがついていたのがこんな回答でした。

「酔ったらいける女性のこと」

なるほど、と。実はこのあとに追記で「でも翌朝後悔する」とあったんですが、これは見ないことにして、私は前向きに捉えたんですね。酔ったらいけるってことは、可能性があるってことだというふうに。これが私と〝ちょうどいいブス〟との出会いでした（笑）。

自分が〝ちょうどいいブス〟であることを認めたことで、モテるようになりましたよ。周りもそういうふうに見て〇Kだとわかるじゃないですか。

世の中の女性って、自分のことを「美人じゃないけどブスでもない」ぐらいに思っている人が大多数だと思うんです。でもね、ブスなんですよ、だいたい（笑）。中にはブスなのにいい女ぶってる人すらいますよね。

いい女ぶってるブスより、「私、〝ちょうどいいブス〟なんですよー」と言ったほうが俄然印象がいいんです。ユーモアがある女だとアピールできるし、相手ものってきやすいです。勘違いブスって男からも女からも嫌われますよね。だから勘違いせずにちゃんと自分の立場をわきまえるって重要なことです。

でもあまり卑下しすぎもよくありません。「私はモテないし暗いしブスだし」と卑下しすぎると、どんな人かまだよくわからないのに、周りはそういう人なんだなってそのイメージが刷り込まれてしまいます。

そういった意味でもこの〝ちょうどいいブス〟っていうのはかなり使えるんです。〝ちょうどいい〟って言葉って本当〝ちょうどいい〟んですよ。なんにでも使えるんです。たとえば気温とかも、寒いとか暑いじゃなく〝ちょうどいい〟というのがベストじゃないですか？　食べ物もそうですよね。高級なフレンチとかじゃなく、街の定食屋でごはんを食べて〝ここの味はちょうどいいね〟という感覚ってあるじゃないですか。

男性が女性に対する感覚にもあると思うんです。美人じゃなく、〝ちょうどいい〟というのが。そこを狙って攻めていけば、結果的にいい男を手に入れられるかもしれません。

そんなわけで〝ちょうどいいブス〟が編み出した恋愛テクニックや、〝ちょうどいいブス〟が背負っている使命、また美人よりも〝ちょうどいいブス〟が優れていることなどなど、徹底的に〝ちょうどいいブス〟と向き合っていきたいと思っています。

「私は美人じゃないけど、ちょうどいいブスでもないわ」と思っているあなた！　実際にはあなたこそ〝ちょうどいいブス〟かもしれませんよ！

CONTENTS

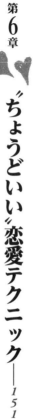

第1章

“ちょうどいいブス”って こういうこと！

〝ちょうどいいブス〟として生きる

あなたは自分自身を女として70点だと評価していたとします。
しかしながら実際には、だいたい自己評価マイナス20点が客観的な相場。
本来50点の女が70点ぶって生きていたらどんなことが起こるでしょう。
当然こうなります。

「このブス、調子こいてるなぁ」

そこでちょうどいいブスという生き方なんです。
自己評価70点で実際には50点の女が、「私は45点の女なんですよ‼私ってちょうどいいブスなんです」とプレゼンする。

するとどのような変化が起こるでしょうか。

「いやいや、そこまで言うほどブスじゃないよ。お、この女は謙虚ないい女かもしれない」

ここで重要なのは自分を卑下しすぎないこと。客観的認識よりも少しだけ自分を低く見せることで、自分を本来の点数よりも高く見せることなんです。

本来50点の女があえて45点と提示することにより、周囲からは60点の女として認識させるという心理テクニックなんです。

これがちょうどいいブスがなぜモテるようになるかの超基本構造です。

私もかつて50点のくせに70点ぶって生きていた時代がありました。

しかし〈ちょうどいいブス理論〉を手に入れてからは60点の幸せが舞い込んできている手ごたえを感じているんです。もちろんちょうどいいブス戦略にはさまざまなテクニックが必要ですし、ときにはデメリットもあります。しかし調子こいたブスや卑下しすぎるブスとして生きるより、めちゃくちゃ楽しいはずです。

この本ではまずはちょうどいいブスを丁寧に分析し、いろいろありつつも（笑）、結果的に「ちょうどいいブスだったからこそ幸せになれた！」というところまでアプローチしていきたいと思いますのでお付き合いくださいね。

あなたは美人？　それともブス？　〝ちょうどいいブス〟判定テスト

「私、ちょうどいいブスなんです」

これは私が芸人になってから指摘されて初めて気づいた事実でしたが、このことを自覚してからのほうがモテるようになりました。

実際問題、街でもブスとイケメンのカップルが増えてきたと思いませんか？

最近某アミューズメントパークに行ったんですけど、ブスとイケメンのカップルがほんっとに多かったですよ。「どういうことだ？」とよーく観察してみると、どうやらイケメンのほうがブスにホレちゃってる感じのカップルが多くて、そこでもまた驚きましたね。

でもなんでこんな現象が起きているのか考えてみると、要は男性の草食化にあると思うんです。押せば結構いけちゃうんですよ。美人は自分から押したりしないので、ブスが押せばチャンスなんです。夢がもてる時代になってきました。

でもその作戦を実行するためには、まずは自分がちょうどいいブスと自覚することが大事です。そこを認めないと、調子に乗ったブスや勘違いブスになったり、また卑下しすぎブスになったりして、〝ちょうどいい〟強みを生かせなくなります。

そこでちょうどいいブスかどうかを判定できるテストを作ってみました。
以下の設問で、あなた自身に当てはまる項目の数を数えてください。

“ちょうどいいブス” 判定テスト

Q1 □ ファッションや体型、髪型などある程度女性としての基準は満たしている

Q2 □ 自分自身を「美人ではないけどブスでもない」と評価している

Q3 □ 目が大きい、唇が色っぽいなど、ひそかに自慢な顔のパーツがある

Q4 □ 地下鉄の窓ガラスに映る自分を見てギョッとしたことがある

Q5 □ バッグは大きく荷物が多い傾向にある

Q6 □ 女友達が多いほうだ

Q7 □ 下ネタで笑いをとることができる

Q8 □ 普段はモテないけどなぜかお酒の席だと食いつきがいい

Q9 □ 彼氏を友達に紹介すると、微妙な反応をされることが多い

Q10 □ 付き合った人数＝経験人数ではない

どうでしたか？

ずばり全問チェックがついたあなたは正真正銘〝ちょうどいいブス〟です。ちょうどいいブスとしてお互い人生を楽しんでいきましょう。

しかし5問以上にチェックがついたあなたもなかなかの〝ちょうどいいブス〟。そろそろ自分が〝ちょうどいいブス〟であると名乗るべきです。

4問以下の人は、ちょうどよさのない逃げ場のないブス、もしくは美人、どちらかでしょう。逃げ場のないブスの人は洋服や髪型、体型など最低限の身なりを整えたり、またニコニコと社交性を気にするだけで〝ちょうどいいブス〟にはなれます。

美人の人はあえて自分を卑下することで、ブスを弄ぶのはやめてくださいね（笑）。

〝ちょうどいいブス〞判定テストを解説

〝ちょうどいいブス〞かどうかの判定テスト、あなたは〝ちょうどいいブス〞でしたか？

それぞれの設問にはどんな意味があるのでしょうか。より深く〝ちょうどいいブス〞への理解を深めるために、一問一問解説していきたいと思います。

Q1　ファッションや体型、髪型などある程度女性としての基準は満たしている

まず忘れちゃいけないのが、〝ちょうどいいブス〞は男性から見て〝酔ったらいける〞というラインはクリアしておかなければなりません。そのためには、ブス美人以前に、最低限、女性として当たり前の身だしなみは気をつけるようにしておきましょう。

Q2　自分自身を「美人ではないけどブスでもない」と評価している

たいがいの人は自分のことを〝美人ではない〞ということぐらいは自覚しています。でも決して〝ブスでもない〞とも同時に思っているはずです。しかし、実際はそういうふうに自覚するほとんどの人が〝ブス〟なんです。ちょうどいいブスには〝気づき〟が第一歩。今一度、自分が〝美人〟か〝ブス〟か考えてみてください。

Q3　目が大きい、唇が色っぽいなど、ひそかに自慢な顔のパーツがある

〝自分だけが知っているイケてる角度〟を多くの人がもっていますよね。ちょどいいブスはその自慢のパーツを利用し、男性に近づくときの武器にしたりもします。また男性も酔っていると判断基準がにぶり、その自慢のパーツを見て「この子かわいいかも」という錯覚に陥ることがあるのです。

Q4　地下鉄の窓ガラスに映る自分を見てギョッとしたことがある

これはQ３の設問の裏付けにもなりますが、自身が自慢の角度じゃなくふいに自分の容姿を見せつけられたときに、思わずギョッとしてしまうのが〝ちょうどいいブス〟たるゆえんです。美人はどんな角度、瞬間でも美しいのです。

Q5　バッグは大きく荷物が多い傾向にある

美人のバッグは「これ何が入ってるの？」と疑問に思うほど小さいバッグをもっている

傾向にあります。対してちょうどいいブスは、荷物が多いのです。

それには一見不必要なものがいっぱい詰まっているため。

実際に私は裁縫道具や絆創膏、除菌剤、ヘアコロンの瓶などを常に持ち歩いていますが、これも実は〝ちょうどいいブス〟戦略のひとつである「家庭的で気がきく私」アピールの一環です。

Q6　女友達が多いほうだ

見た目で警戒や嫉妬をされにくいので、女性の友達が作りやすくなります。また見た目を武器にしてこなかった分、話術に長けたユーモアあふれる女性が多いので、友達付き合いをしても楽しいのがちょうどいいブスと一緒にいるメリット！　そう、ちょうどいいブスは明るく楽しくなければなりません。

Q7　下ネタで笑いをとることができる

私は会話をするうえで気をつけていることがあります。それは「ユーモアある下ネタ、ほどよい自虐、エッジの効いた悪口」。この3つが揃うと会話が俄然楽しくなるんです。

中でも男性との会話で重要なのが「ユーモアある下ネタ」です。下ネタは一歩間違えると下品になったり、また露骨に男性を誘ってしまったりするので注意が必要。

ちょうどいいブスは下ネタで笑いをとり、男性との距離を上手に縮めることができるんです。

Q8 普段はモテないけどなぜかお酒の席だと食いつきがいい

男性から見て、酔ったときならいけそう、これぞまさに〝ちょうどいいブス〟の第一条件です。酔ったときにいけるなら、本命になれる可能性だってあると、ポジティブに捉えていきましょう。

Q9 彼氏を友達に紹介すると、微妙な反応をされることが多い

芸人である私と違って、面と向かって「ブス」と世の中の人は言われませんよね。そのせいで、ちょうどいいブスである自覚をもてない人も大勢いるはず。

しかし面と向かっては言えないものの、ワンクッション入るとわりと他人の本音が垣間見えたりします。それはたとえば「彼氏の評価」。

だいたいの場合、自分に釣り合いのとれた人とカップルになることが多いので、自分の彼氏を友達に紹介したり写真を見せたりしたときの反応こそが、あなた自身のビジュアル

に対する評価とほぼ一致していると考えられるんです。

Q10　付き合った人数＝経験人数ではない

正式には恋人になれなかったけど、一夜限りの過ちをもってしまった……、お酒の席に強いちょうどいいブスは、そんな経験をもっていがちです。

世の中の女性は付き合った人数と経験人数が一致しているんでしょうかねぇ。気になるところです。

いかがでしたか？　これを読んでより一層「自分はちょうどいいブスかもしれない」と確信を深めた人もいるのではないでしょうか。

ちょうどいいブスがやるべきこととは？

ちょうどいいブスだという自覚が芽生えてきたみなさん、「ちょうどいいブスがやるべきこと」について一緒に考えていきませんか？

「え？　ちょうどいいブスには何かやらなきゃいけないことがあるわけ？」

そう、あるんですよ。美人じゃなく、ちょうどいいブスなのであれば、すごく基本的なことができなきゃいけないと思うんです。

私よく言うんですけど、「トイレットペーパーがなくなったのに補充しない女」が大嫌いなんですよ。

「見えないところでちゃんとできないのは女として終わってる」って思うんです。これは私の母親が常に言っている言葉なんですけど。

デパートや駅のトイレなどの公共トイレに入ると、トイレットペーパーってめっちゃ空になってません？　あれは重罪です。

空じゃなかったとしても、ひと巻分しか残ってなかったり。もしも補充すべきトイレットペーパーがないなら、そういうときはせめて次に並んでいる人に「トイレットペーパーが切れてますよ」と伝えるべきですよね。

トイレットペーパーが空のまま放置されている、そんなシチュエーションに遭遇するたび私は思うんです。

「これは美人の仕業だ」と。

それはなんでかっていうと、ブスでトイレットペーパーを換えないなんていうのは、人として終わってると思うからなんです。ブスなんだからせめてトイレットペーパーぐらい換えろって、と私自身戒めて換えますから。

見えないところでのマナーや気づかいが内面を育てるんです！

トイレットペーパーに限らず、ゴミを捨てるときはきちんとゴミ箱に分別して捨てるとか、洗面台が濡れたら拭くとか、店員さんに偉そうな態度をとらないとか、そういったすべての小さなマナーというか、他人からは見えづらい部分での基本的なことはきっちりやっていきましょう、というのがちょうどいいブスである私のモットーです。

みんなの見えないところで徳を積んでいけば、いつか絶対にそれがその人の魅力になっていくと思うんですよね。美人にはない底力みたいなものが身につくというか。

女性も年を重ねていけば、「美人」であることがそれほど武器にならなくなっていくと思うんです。

美人は料理ができなかったり、性格が暗かったり、マナーがなってなかったり、人に対して気づかいができてなかったりしても、ある程度許されて生活できるはずなんですよ。だから改善されにくいんです。

でもブスは許されませんから、そのあたりは頑張るんです。

そうなるとどうなっていくかというと、「美人・ブス大革命」が起こるんです。これはまさにイソップ童話の「ウサギとカメ」現象です。

どういうことかというと、美人が若いうちにいろいろ手抜きをしている間、ブスがコツコツと内面の徳を磨いていけば、年をとって若さゆえの美しさが失われたころに、ブスのほうが男性にモテ始めるということが起こりえるんです。

男性だって年齢とともに女性の趣味が変わっていきますからね。男性も若いころは女性に外見のよさを求めることが多いですけど、年をとっていくと中身を重視するようになるんです。

もちろん同じ中身なら美しい人のほうがいいんでしょうけど、見た目がよくても中身が悪いとダメになっちゃうと思うんです。

だから私たちちょうどいいブスは、中身をしっかりするために、人の目につかない努力というか、ちょっとした気づかいを続けていこう、っていうのが提案です。

そしていつかやり遂げましょうよ！　美人に打ち勝ちましょう（笑）！

店員さんと〝ちょうどいい雑談力〟訓練を

美人に打ち勝つためにちょうどいいブスがやるべきことはまだまだたくさんあります。

まずは店員に対しての接し方。

これは当たり前ですけど、店員に横柄な態度をとるのは絶対にダメですよね。ブスなのに店員にエラそうな態度をとっていたら、もう目も当てられないです。

美人だからギリ許されるんです。……いや、美人だって許されません。

それに店員さんときちんと向き合うことで、ある能力が身につくんです。それは「雑談力」。

これって、ものすごく大事な能力なんですよ。

美人は無口で愛想が悪くてもミステリアスってことになって、それすらも魅力に映ったりしますけど、ブスで会話ができないと最悪です。単なる根暗な人になっちゃいますから。

また同じ店員さんとの会話の中でも、特におすすめしたいのがタクシーの運転手さんとの会話です。タクシーの中って、ものすごく雑談力が磨ける場所ですよ。

私、タクシーの運転手さんとしゃべりますね、結構。

「お客さん、何やってる人?」とか聞かれたら、正直に「芸人やってるんですよー」って答えます。そうするとだいたいの運転手さんは「見えないねー」とかって言ってくれるんで、私も調子に乗って楽しく会話できるんです。

この雑談の感じって、〝ホステスとお客さん〟のやりとりに似てません？

男女が知り合って会話をする際に、実はこの〝ホステス感〟ってものすごく大事なんです。

まだお互いどんな人かわからない中で、楽しい雰囲気で盛り上がるためには、ホステスっぽい感じの会話能力って使えるんですよ。

ホステスの仕事をすることなくこの能力を鍛えるには、タクシーの運転手さんとの会話が最適！

美人のホステスさんは会話能力がなくてもお客さんがつくかもしれませんけど、ちょうどいいブスが売れっ子ホステスになるには、相当会話力がなきゃダメですよね。

自分がホステスになったつもりでぜひタクシーに乗ってみてください（笑）。

そのためには新聞を読んだりニュースを見たり、あとは話題のテレビ番組や映画、本をチェックしたり、ネットサーフィンをしたり、どんな話題でもついていけるよう、小さな努力も必要だと思います。

ちょうどいいブスってバカだとダメなんです

美人がバカでも「天然」ってことでより一層かわいがられますけど、ブスがバカならただのバカですから。

ある程度の賢さみたいなものはちょうどいいブスの必須スキルとなりますね。

ただし男性って自分が語りたがりで、女性に賢い感じで来られるのをイヤがる方も多いので、そのへんはひけらかしてはダメです。

相手に会話をリードさせながら、いい返しをしたり、いい質問を投げかけたり、いい同調をしたりすると、初対面でも「この子、(ブスだけど)楽しいな」と思わせることができるんです。

そういうやりとりができるためには、雑談力やホステス力、また最低限の知識、知性、そしてユーモアが必要ですよね。

ちょうどいいブスのみなさんは会話で相手をドン引きさせないように日頃から教養を深めてくださいね（笑）。

ちょうどいいブスが美人より勝っていることって？

美人、それは地球上で最強の生き物です。

ブスなんて美人に勝てるところがあるはずがない。そう思っている人も多いかと思いますが、実は世の中ちょうどいいブスだからこそ美人より人生を楽しめていることがあるんです。

まずは恋愛面。

実は恋愛って、私ぐらいのちょうどいいブスがいちばん恋愛を楽しめると思うんです。というのは自分主導でゲーム性をもって恋愛できるんですよ。

だって美人ってそんな駆け引きする余裕がないほど男性のほうからガンガン寄ってきちゃうし、自分が好きになって駆け引きしてもすぐにうまくいってしまうので、恋の醍醐味をなかなか味わえないと思うんです。

自分のテクニックを駆使して、ワンランク上の男性を手に入れる楽しさを味わえるのはちょうどいいブスならではなんです。

次に人間関係の面でいうと、ちょうどいいブスと友達になると楽しいと思います。ブスは面白い人が多いですから。

美人ってひと昔前は「性格悪い」なんて言われることもありましたけど、ぶっちゃけ性格いいと思うんです。コンプレックスや屈折がない分、性格がいい子が多いんですよ。でもね、美人には致命的な欠点があるんです。それは「話が面白い美人は本当に少ない」という点。たまに面白い美人はいますけど、それはかなりの辛口トークだったり、えげつない悪口で笑いをとったりと、性格がきつめで一緒にいて疲れてしまうタイプが多かったりします。

話が面白い人はある3つのテクニックを駆使して会話する傾向にあります。それは「ユーモアのある下ネタ、ほどよい自虐、エッジの効いた悪口」です。

美人だと下ネタを言えば男性から性的に見られたり、自虐すれば嫌味にしか聞こえなかったり、悪口を言えばきつい女だと思われたりと、美しさが邪魔をし、これらのテクニックを使いにくくなるので、ある種ハンデがあるんです。

その点、ちょうどいいブスはこれらのテクニックをもともともっているコンプレックスと結びつけて成立させやすくなるので、非常に有利です。はい、ここでも美人に勝ちました（笑）。

次にちょうどいいブスはお金がかかりません。

美人は洋服やネイルなど、なにかとお金がかかる生き物。美人のインスタグラムなんか見ても、美人同士こじゃれたお店で女子会とかしょっちゅうしてますよね。

もちろんスポンサーがいる美人は別ですけど、たいていの美人はそのぐらいは自分の稼ぎでなんとかしているはずです。

ブスはその点お金がかかりません。ではなぜお金がかからないのか。それには秘密があるんです。それはブスには「庶民派」と「家庭的」という2つの強い言葉が味方してくれているからです。

ブスが美人と同じように着飾っても、ブスが際立つだけ。美しく完璧に着飾った美人に向かって「すごいねーかわいいねー」とほめつつ、「私なんかなんにもしてなくて」と家庭的な方面で男性にアピールするのが戦略的にいいです。

男性の中には、爪はなんにもしないほうがいいという人もいますし、ピアスだって開けてないほうが好きという人もいますし、派手より地味のほうが好きな人もいます。

お金をかけないことが魅力になるちょうどいいブスは、美人よりお得だと思いませんか？

ほかにも美人より人生有利な点はいくつもあります。

最初から中身を見てもらえる点、ストーカー被害に遭いにくい点、いらない貢物が増えなくて助かる点などなどきりがありません。

負け惜しみだって？　ええ、それでもかまいませんよ（笑）。こうやってたくましく生きていく姿勢こそ、ちょうどいいブスが美人よりも人生を楽しもうとしている証拠なんですから（笑）。

第2章

“ちょうどよくないブス”って こういうこと！

〝ちょうどよくないブス〟について考えてみる

私はちょうどいいブスとしてやっていますが、そもそもその対極の存在・ちょうどよくないブスっていうのはどんな存在なんだろうっていうのを考えていきたいと思います。

〝ちょうどよくないブス〟で真っ先に思いつくのが、今の相席スタートの前にコンビを組んでいたときの相方です（笑）。

前の相方は見た目的にはまぁまぁブスだったんですけど（笑）、中身がミーハーでトレンドに敏感な読者モデルかぶれだったり、はたまたほかの人とはちょっとセンスが違うのよと選民意識あるサブカル気取りだったりしたんですね。

読者モデルかぶれもサブカル気取りも痛いんですけど、その両方の要素を兼ね備えていてなおかつまぁまぁのブス。これはあってはならないことなんですよ！

私は元相方のそういう姿を間近で見てきたので、自分でも無意識のうちにブスがちょうどよく生きるための知恵というか振る舞いを身につけることができたのかもしれません。

ちょうどいいブスのちょうどいい無難さは好きな映画にも表れる

ちょうどいいブスは読モのようなミーハーリア充を出さず、かといってサブカル民のようなとんがった個性を出しすぎず、「無難であること」が重要だというお話をしましたよね。

会話の中でセンスを探り合う質問があるかと思うんですけど、その代表的な質問に「好きな映画は何?」というのがあると思うんです。

ここで素直に好きな映画をサラリと言うのもいいんですけど、せっかくこの手の質問をされたのなら、自分のセンスをアピールすべきチャンスとして捉えてもいいと思うんですよね。

ただ注意すべきなのは、「誰にも理解されないセンスをアピールしすぎることは痛いし面倒くさい」ということを心得るべきなんです。ブスなくせに面倒くさいとか最悪でしょう？

なのでなんてことない会話の中で、「好きな映画は？」という質問をされたとき、鼻息荒く「60年代のトルコ映画に○○ってのがあってぇ……」と熱く語りだしたらアウトなわけです。

もちろんこれが映画通同士の会話だったり、相手を知るためのディープな会話中だったら〇Kですけど、なんてことない世間話なのに鼻息荒くしてまでセンスアピールをしたら痛いんです。

なんてことない問いかけに対し、大きな爪痕を残そうとしないほうが安全です。

では「好きな映画は？」という問いにはなんと答えるのがよいのでしょうか。

たとえば近年大ヒットした「アナと雪の女王」が好きと言ったとしましょう。

普通の女の子ならそれも微笑ましくていいでしょう。

でもこれがちょうどいいブスだとちょっと物足りない回答だと言わざるを得ません。というのも「ブスのくせに普通のかわいい女の子みたいな頭の中身してるんだな。だったら普通のかわいい女の子のほうがいいよな」と男性に思われてしまうことは非常にもったいないからです。

かといってあまりにもとがったセンスをアピールするのも考えものです。

そこで私が編み出した回答がこうです。

「うーん、昔の日本映画が好きかなぁ。溝口健二監督の作品とか」などといった軽くとがったセンスアピールをまずはします。しかしこれだけでは痛くなりがちですので間髪入れずに「でもなんだかんだで何度も見ちゃうのが『ブリジット・ジョーンズの日記』なんだよねぇ（笑）」

この二段構えです。

最初にとがった回答で、〝私は普通の女とは違った感性の持ち主です〟ということをアピール、次に〝ただし柔軟性もあり面倒くさい女ではありません〟という抜け道を提示するのです。

これこそ〝ちょうどいいセンスアピール〟といえるかと思います。

これは映画に限らず、センスを問われる質問で使える回答方法ですよね。たとえば「好きな洋服ブランドは?」と聞かれて、最初に誰も知らないようなスペインの老舗ブランドを挙げ、その後間髪入れず「でもなんだかんだでユニクロにはよく行っちゃうの」など、応用が利くでしょう。

ちょうどいいブスは恋愛シーンに限らず、さまざまな視点から「ちょうどよさ」をアピールすることが求められることを心得ましょう。

マネしてはいけないちょうどよくない下ネタとは?

ちょうどいいブスというのは、酔うといける、ほどよいブス加減とウイットに富んだ会話術を武器に、時と場合と少しの奇跡が起きれば美人以上のモテ力を発揮するということをお伝えしてきました。

ウイットに富んだ会話術というのは男性を仕留める際に、ルックス以上に重要だったりもするんです。

優れた面白い会話の条件として私が毎度みなさんにご説明しているのが〝ほどよい自虐〟〝ユーモアのある下ネタ〟〝エッジの効いた悪口〟という3点。

中でも男女の出会いの場で有効なのが〝ユーモアのある下ネタ〟なのですが、とかく女性は下ネタが下手な生き物です。

下ネタといっても、女性がやりがちなNGパターンが2つあります。まずは下ネタではなく単なるビッチ自慢になってしまっているケース。

「初体験は中学生のときで相手は塾の先生だったー」とか、「昨日○○君とラブホ行ったらこんなすごいことされた」とか、自身の経験談をもとに赤裸々に語るパターンですね。

これは正直、飲みの場などで男性に食いつかれるでしょう。しかし！　これは単に男性に「こいつはヤレる」とロックオンされているだけです。

この手の下ネタは会話としては楽しくないし、下心を誘発して単にヤリ○ンアピールをしているだけなのでいい付き合いにはつながりにくいし、同性からも反感を買いがちなので避けるべきです。

またやりすぎのアメリカンな下ネタも避けたほうがいいです。

たとえば「私のおっぱいは婆ちゃんみたいに垂れ下がってるの！　がはは！」などと、よくいえばオープン、悪くいうと単なる豪快下品な女性にありがちな下ネタパターンです。

モテないと自覚している女子や、また美人が〝あえての私づくり〟で失敗してやってしまいがちな下ネタパターンといえますね。

これはもちろん大人の会話としてどうかと思いますし、なにより色気が皆無なので単なるお笑い要因になり下がり、ウイットに富んだ会話ができないばかりでなく、男性からも引かれて終わり。

ちょうどいいブスがこれをやってしまうと、一生モテ街道に這い上がることはできなくなってしまいます。

これぞちょうどいいブスがすべきちょうどいい下ネタ！

ではどんな下ネタがちょうどいいのでしょうか。

それはずばり〝大和なでしこ系下ネタ〟です。

〝大和なでしこ系下ネタ〟ですが、まずは直接的なエロワードは封印するのが鉄則です。

〝セッ〇ス〟〝フェ〇チオ〟といった過激で直接的なエロワードは使いません。

なによりも下品ですし、私がモットーとする「ユーモアのある下ネタ道」に反します。

直接的なワードを封印するだけでなく、セッ○スのことを「ヤル」と言ったり、男性が使うような隠語も下品になりがちなので避けたほうがいいでしょう。

ではいったい直接的なワードを使わずにどのように〝エロ〟を表現するのか、その例をご紹介しますね。

たとえばこんなシチュエーションはどうでしょう。

とある合コンがあり、あなたは男性A君と意気投合し、みんなに内緒でふたりで抜け出したとします。

そして翌日、合コンに一緒に参加した友達から「昨日A君と抜け出してそのあとどうなったのよー?」と突っ込まれました。

ここで直接的ワードを使う場合、「A君と朝まで飲んで結局エッチしちゃったー」といったような言い回しになりますよね。

しかし私ならこう言うでしょう。

「A君と一緒に朝を迎えて『おはよう』って言っちゃった」

これならば直接的な表現を使っていないので、やったことは一緒でも、どこか下品にならずにすむのです。それに含みをもたせていますから、なんとなく知的エロなイメージすら掻き立てることができるでしょう。

ではもうひとつ、こんなシチュエーションではどうでしょう。

ある男性とふたりで飲みに行き、いい雰囲気になったところで終電がなくなってしまったことに気づき、男性から「このあとどうする?」と問いかけられました。

ここで直接的表現で答えるなら、「もう一軒行きたいな」、肉食系ならば「うちで飲みなおしてもいいよ」「どこか泊まる?」などと、誘うような言い回しになります。

しかし、私ならこう答えると思います。

「……女から言わせちゃいます？」

これって要は「あなたから誘って」っていう意味ですけど、それを直接的に言わないことでかえってエロさが増すと思うんですよ。私はそれを〝大和なでしこ系下ネタ〟と名付けています。

下ネタは扱い方を間違えると単にヤリ〇ンになったり下品な女に見えたりしてしまいますので、下ネタを男性の前で話すときは慎重になったほうがいいと思います。その点、〝大和なでしこ系下ネタ〟なら、知的さとエロさが合わさり、ウイットに富んだ下ネタとして使えるはずですよ。

またよくあるシチュエーションとして、男性同士で「昨日やった女が臭くてさー」みたいなエゲつない下ネタで盛り上がっている場面に遭遇してしまうことってあるじゃないですか。

そんなときに、男性と一緒になって「うわ、どんなニオイよ?」などと、「私はどんな下ネタでもOKです。男心理解できちゃってます」みたいなノリの女性ってたまにいますけど、私はそういう女性が苦手なんです。

かといって下ネタで盛り上がる男性を白い目で見るのも、あまりにもノリが悪いし、男性から見たら〝なんだこの女〟となりかねません。

ではそんなとき私ならどうするか。

〝遠目で見ながら笑っている〟と思います。

これならノリが悪くないし、ある程度下ネタを受け入れる度量を見せつつも、下品さが緩和され〝ちょうどいい〟スタンスが保てるはずです。

下ネタにどう対応するかは女性としてとても重要な問題だと私は考えています。

ちょうどいいブスは嫉妬すべからず！

恋愛をするうえで切っても切れない「嫉妬」についてのお話をしていこうと思います。

みなさん彼氏に浮気された経験はありますか？

実は私、人生で一度も浮気されたことがないんです。気づいてないだけかもしれないですけど。

それでよく「浮気されない方法教えて」とか聞かれたりするんですけど、これは元も子もない回答かもしれないですけど、結局はしなそうな男を選んでいるんですよね。

浮気されない方法として実践しているわけではないんですが、私は彼氏に対して嫉妬も束縛もしないことがなにかしら関係しているのではないかと思っています。

今でこそ嫉妬も束縛もしなくなりましたが、大学時代は死ぬほど束縛しましたね。で、その彼氏に「重い」って言われて振られました。

私の人生でその人だけなんですよ、振られたのは。それ以降は振られていません！ と、しばらくいい女的発言が続きますがご勘弁くださいね（笑）。

でもこの経験を教訓として「束縛をしてはダメだ」と悟ったわけではないんですよ。今でも私をこんなに束縛させたあいつが悪いって思ってますから（笑）。

だってそのあとに付き合った人は、私のことを好きで好きでたまらない人だったので、私は束縛する必要がなかったんです。えっと、上から目線ですみません（笑）。

男の趣味を変えたつもりはないんですけど、自然と束縛をしなくてすむ男の人と付き合えるようになりましたね。

なぜそうなったのか分析すると、彼氏と一緒にいる以外の楽しみがたくさんできたからだと思うんです。

男性はそういうところをいいと思ってくれるし、そうなるとどんどん好きになってくれるから、こっちも束縛しなくてすむようになるんです。すばらしいスパイラルでしょう？

だから嫉妬で苦しんでいる子は、彼のことを変えようとするんじゃなく、まずは自分の生活を充実させるといいと思います。

ちょうどいいブスはそういう意味でも恋愛ひとすじになりにくい性質をもってますから、どんどん趣味なり特技なり遊びなり仕事なりを優先させていいんじゃないですかね。

若い女性って恋愛の占める割合が大きすぎると思うんですよ。だから当然嫉妬だって束縛だってしたくなっちゃいますよ。

でもね、男の人ってよほどのマニアじゃない限りギッシギシの束縛をされてうれしいって人は皆無なんです。

どんなに美人でも、束縛しまくる女はダメなんです。男をうんざりさせ、逃げられちゃいますよ。

だからいいブスのみなさんには、ぜひ束縛しないですむ恋愛以外の楽しみを充実させてほしいですね。そのへんに関しては、美人よりも得意な人が多いはずなんですから。

アイドルの自虐について考える

最近、女優さんとかが「ブス会」とかやってるじゃないですか。あれ、ちょうどいいブスにとってかなり邪魔な存在なんですよね（笑）。こっちのうまいことハードル下げてるやり方を、本当にかわいい人にやられちゃうとこっちの立場がなくなるじゃないですか。

最近のアイドルの子たちもそうですよね。アイドルなのにバラエティもできる、みたいな子が増えてきたじゃないですか。アイドルにしてはかわいくないみたいなのを売りにして、周りから「お前アイドルだけどブスだからな」とかいじられて、しかもそれを上手に自虐で返してるじゃないですか。

そのやりとりを傍で見ていてうまいなぁと感心しますけど、私的には商売あがったりでめっちゃ邪魔です（笑）。要は商売敵なわけなんですよ。

かわいいほうの下のほうといいますか、上の下ランクの女が「私、ブスですから」みたいな自虐で、私たちの戦場を荒らしてくるんです。

ねずみにとっての猫、ちょうどいいブスにとっての天敵と言えますね、このアイドル系自虐ブスは。

そういう子たちってなぜか私みたいな女を見つけると寄ってくるんですよ。「似たものを感じます」とか言って人懐っこく。

そうするとこっちもうれしくなっちゃうんですよ。だから嫌いじゃないんです。むしろ好きかもしれません。でも邪魔なんです（笑）。

彼女たちにとって「私、ブスなんです」と自虐することは、美女世界の中ではいまいちな容姿で戦い抜くために手に入れた武器なわけじゃないですか。だから頭ごなしに否定はできませんよね。

でもちょうどいいブスよりはだいぶ容姿レベルが上の存在ではあるんで、一緒のグループにいるのは危険ですね。

ちょうどいいブスが「私、ちょうどいいブスって言われるんですよ」なんて言おうもんなら、「私もブスって言われる」とかぶせてきます。

そうなったら、自分のブスが際立つだけでなく、より容姿がよい子の自虐にみなの注目が集まってしまい、ブスの言い損です。

それになんだかんだいって男だって、自虐ができる本当のブスより、自虐もできるそこそこかわいい子のほうがいいに決まっています。私がとっているモテるための対策が、アイドル系自虐ブスがいることで、すべて無下にされてしまいます。

だからできる限り一緒に行動しないようにするのが最大の自衛方法といえますが、職場が一緒だったりどうしても避けられない関係性ならば、攻略法を学ぶ必要があります。攻略法については後述するので読み進めてくださいね。

COLUMN 01

相席スタート 山﨑ケイ×DJ あおい スペシャル対談

「ブスは果たして発酵しやすいのか否か問題を語る!」

Tokyo Cawaii Mediaで「ちょうどいいブスのすすめ」を連載中の私と同メディアで「発酵女子診療録《カルテ》」を連載中の恋愛アドバイザー・DJあおいさん。そんなご縁もあり、ともにお互いのツイッターをフォローしあうなど注目しあう間柄。世の女性に対して、私たちの考えを徹底対談しました。

※ ※ ※

DJあおいさん(以下あおい):はじめまして。相席スタートの漫才が大好きで、ケイさんご自身のファンでもあるんです。なのでお会いできるのを本当に楽しみにしていました。いやー、でもこうして目の前にいらっしゃると緊張しますね〜。

山﨑ケイ（以下ケイ）：私もあおいさんがどんな人なのか興味津々だったんですよ。ブログや書籍なども読ませていただいていて、いつもすごいとこ突いてくるなあって感心させられてばかり。なので私もお会いできるのを楽しみにしていました。

対談テーマ①「そもそもブスって発酵しやすい生き物なの？」

あおい：いきなり核心を突くテーマですね。はい、私はブスは発酵女子（★注1）になりがちだと思っていますよ。

★注1／発酵女子とは……【ある特定の人物や周囲からよく見られたいという願望をうまく表に出せず、考えあぐねている間にそれを自らの中で消化できずに発酵させてしまった女子のこと。ストレートな感情表現を苦手とし、周囲に向けて屈折した何らかの自己アピールを送り続ける。または、一周してドストレート発言をしてしまうことも。発酵してしまうタイミングは人によって異なるが、自分に強いコンプレックスをもっていたり、理想が高い場合が多い】

ケイ：私もそう思います。以前ブスはサブカルに走りがちとか、男心わかってますアピールをしがちとか、そういう生態を分析したんですけど、これこそまさに発酵していたってことなんですよね。

あおい：まさにそうですね。しっかりと発酵しきってますね！

ケイ：ブスは美人に比べて発酵しやすいと思いますね。自分を守るために、その手段として発酵するんですよ。

あおい：というと？　ブスは自分をブスだと認めていないことが多いと思うんですけど、それでも発酵するメカニズムはどうしてだと思います？

ケイ：ブスだと認めてはいないですけど、世間の評価は紛れもなくブスなわけじゃないですか。自分はなんでかわいいって言われないんだろう、なんでこういう扱いを受けるんだろう、そういう経験を通じ、自分の中の評価と世間の評価のずれに気づいていくわけなんですよ。そのずれをなんとか埋めようとして、サブカルに走ったりとかそういう発酵行動をしちゃうと思うんです。

あおい：なるほど。つまり自分の評価と世間の評価のずれこそ発酵のもとなわけですね。

ケイ：その評価のずれが起きた原因を考えたとき、ブスだのなんだのと考えず、自分に何か足りないものがあるのかもしれないって無意識に思うんです。そしてそのずれを埋めるために何かあと付けでつけたそうとするんですよ。それが奇抜なファッションだったり、奇抜な趣味だったりするるんじゃないでしょうか。

あおい：うんうん、それすごくわかります。自分と世間のずれが大きければ大きいほど、発酵も大胆になりますよね（笑）。

ケイ：だから発酵は、ブスにとっては生きていくうえでの必然だったりするんですよ。発酵しないと世間の評価のずれに苦しんだままになっちゃうんです。だから名言的にいうと、「発酵はブスにとっての救いである」って感じでしょうか（笑）。

あおい：ひょっとしてひとつの真理に辿り着いたかもしれませんね（笑）。

対談テーマ② 「美人は発酵しない生き物なの？」

あおい：ブスは発酵しやすいという結論に達しましたけど、美人ってどうなんでしょうね。

ケイ：うーん、私からすると美人は発酵する必要がないと思うんですけどねぇ。美人で発酵する人っているんでしょうかね。私の周りは見当たらないなぁ。

あおい：読モとかでそこそこのかわいさの子は発酵すると思いますよ。深夜の読モのツイートとか見るとえらいことになってますよ（笑）。なんかもうどす黒いポエムが連投してあったりするんですよ。厨二病丸出しのポエムとかも。そういうの見て、「うわー、発酵しちゃってるなあ」ってニヤニヤしちゃいますもん（笑）。
ケイ：へー、そんなんなってるんですね（笑）。でも「そこそこ」かわいいっていうのがポイントですよね。本当にかわいければ発酵しないと思いますもん。
あおい：ほんと、それなんですよ。世間の評価と自身の評価のずれを埋めることが発酵のもとだとすると、やはり本物の美女は発酵しにくいはずですからね。
ケイ：にしても、ツイッターでポエムみたいなの書いてる人たまに見ますね。でもポエマー発酵は、いわゆるブスにはあまりない発酵の仕方な気がします。
あおい：そうかもしれません。読モ系に多い発酵ですかね。でもポエマー発酵のブスは、逆にものすごい才能を発揮されている方いませんか？
ケイ：誰とはいいませんけど、作家さんにはブスで才能ある方わりといらっしゃいますもんね（笑）。ブスと発酵の正しい使い方ですね（笑）。
あおい：力技でさらにはブスだと思わせないパワフルな方もいらっしゃいますね。誰とは言いませんけど（笑）。
ケイ：いますいます（笑）。決して美人ではなくブスなのに、「私はこうしてキレイになった」という立ち位置で筆をとってらっしゃる方いますね（笑）。でもそれは伸び率であって、決して美人になったわけではないと突っ込みたくはなりますけど（笑）。でもまぁブスを発酵で見事に昇華させた成功例かもしれませんね。
あおい：伸び率ね（笑）。発酵もしきれば芸術なんですよ。中途半端はよくありません。
ケイ：あおいさんは発酵女子について連載されていますけど、研究対象は主に若い女の子ですよね。それでお聞きしたいんですけど、発酵女子のゴールはどこにあると思います？発酵が進んでいくと（年をとっていくと）どうなっていくのか個人的に興味があって。
あおい：いつか目が覚めるとは思うんですけどね（笑）。まだ認めたくない自分と戦っているんじゃないでしょうか。でも目が覚めない人も稀にいると思うんです。そういう人はとことん究めれば先ほどいったように芸術なんですよ（笑）。たまにいますよ、50代60代でも現役発酵してるなって人。
ケイ：あ～いるかも（笑）。でも女性ってなんだかんだいって幸せになりたくって発酵しちゃうわけじゃないですか。だから幸せになれば自然と発酵がストップするんだと思うんですよね。すべてではないですけど、結婚って女の人にとって幸せを感じるものですよね。本当に好きな人と結婚できれば多くの女性は発酵がストップすると思うんですよね。
あおい：すばらしい分析！　確かにその通りかもしれませんね。幸せだという認識が心からもてないと、一生発酵し続ける人生かもしれません。
ケイ：結局女の幸せのわかりやすいカタチが恋愛とか結婚だから、特に若いころブスだったりすると、そのへんの幸せへの渇望から発酵が進んじゃうんだと思います。だから恋愛上手になったりすることで、多少発酵は弱まるかもしれませんね。

あおい：発酵と幸せの関係性も見えてきましたね。何かこの対談、案外深いかも（笑）。

対談テーマ③「ところでケイさん、あなたは発酵してますか？」

ケイ：ギクッとするじゃないですか～（笑）。はい、もろしてますね（笑）。

あおい：ですよね～（笑）。

ケイ：ですよね、って（笑）。私の発酵パターンはそうですねぇ……、「見抜いてますよ女子」ですかね（笑）。「わかってますよ女子」というか。

あおい：なるほどねー。そうきましたか（笑）。あはははは。わかってますよ女子ね、なるほどなるほど。うんうんケイさん、そうかもしれませんね。

ケイ：私、以前からあおいさんの連載を読んで、私も発酵女子だなぁって思っていたので、このテーマふられてギクッとしたんですよ。私も相当こじれて今に至っているんで。

あおい：こじれた末、悟りの境地に入ってしまった感じですもんね。

ケイ：なんか自虐が上手になりすぎているんですよ。ブス扱いされても上手に返せるようになっちゃってますし。全部受け入れて隙を見せているようで見せていないというか。全部自分でわかってます感を出して自分を守っているんです。これってある種の発酵なんですよね？

あおい：発酵ですね。人に傷つけられる前に自分を傷つけて防御態勢に入っていますね。ケイさん、防御力がめちゃめちゃ高いですね（笑）。

ケイ：確かに防御力が高いかも。人と会話するときも常に防御しながら話しちゃいますね。

あおい：たとえばどんな風に？

ケイ：防御の枕詞を入れるんです。「違うって言われるかもしれないけど、あなたってこういうところない？」みたいな（笑）。

あおい：ずるいというか賢いというか（笑）。でもケイさん、攻撃力はその分低いんじゃないですか？

ケイ：そうですね、めっちゃ低いです（笑）。とにかく他人から傷つけられたくないから、その前に自分で傷つけちゃう、みたいな発酵をしちゃうわけですし。

あおい：ケイさんの発酵はなんだろうなぁ～。分析発酵、防御発酵、うーんいろんな要素が組み合わさってそうですね。今すぐには結論出せないかも。

ケイ：今度発酵女子の連載で私のこと分析してみてください！

あおい：難しそうだけど面白そう！

ケイ：でも何を言われても「それ、わかりますー」「私も自分でそう思います」って発酵返ししますけどね（笑）。自分を守る一言が口からポンポン出てくるんですよ。

あおい：めっちゃやりにくい相手だー（笑）。

対談テーマ④「ケイさんの本当の心とは？」

あおい：ケイさんが人に傷つけられたくないと、つい防御を張ってしまうことはよーくわかりました。それで思うのは、ケイさんの本音ってどこにあるんですか？　本音の本音ですよ。発散できてますか？

ケイ：うーん、私的には常に本音で話しているつもりなんですよ。

あおい：えーー？　違いますよー。私からは違うように見えますよー（笑）。

ケイ：えー、ほんとですか!?　そう見られてるんだ。なんか斬り込まれたなあ（笑）。ひょっとしたらそうなのかもしれませんね。でもお酒飲んだ時は100％本音です。もし私がお酒を飲めなかったら人生つまんなかっただろうなとは思いますね。

あおい：ケイさんの裏アカウント（https://twitter.com/keiyamazaki0615）拝見させていただいてるんですけど、ああ、そっかーとうならせられること多いですよ。そうくるかーみたいな。

ケイ：あら、読まれてましたか（笑）。

あおい：私、ケイさんの裏アカウント大好きなんですよ。

ケイ：私も好きですね（笑）。まぁ裏アカといっても公表しているんですけどね。

あおい：どちらかというと裏アカのほうが私は好きです。でもなんでふたつに分けているんですか？

ケイ：なんか一緒にするのに抵抗があったんですよ。

あおい：それですよ。その抵抗感があるっていうのは、やはり日常は本音で生きられていないってことなんです。そしてそのことを自覚しているから、きっと裏アカウントを作ってバランスを無意識に取っているのでしょうね。

ケイ：そうですね。ある種、「裏アカウント女子」的な一面があるんですかね。本音と建て前を使い分けていますということをあえて対外的に出しているという発酵パターンというか。

あおい：複雑な発酵ですね。ケイさんならではの発酵な気がします。

ケイ：表と裏の使い分けをほぼ無意識にやっていましたね。

あおい：ケイさんの表の性格は、ものすごく明るくて正しくてまっすぐで社交的ですよね。

ケイ：そういう人格も本当の自分なんですよ。

あおい：でも人として私は裏アカのケイさんのほうが好きだなぁ（笑）。心に刺さるんです。

ケイ：あはは。ありがとうございます。なぜかうれしいですね、そう言われるの。私も落ち込んだとき、自分の裏アカをよく読み返すんです。そうするとなぜだか頑張ろうと思えるというか。

あおい：その感覚、わかります。にしてもケイさんは発酵しまくってますね（笑）。

ケイ：はい、そうですね。シンプルに生きているタイプではないので。いろいろ面倒くさく考えてここに辿り着いているので。それがまさに発酵ということなんでしょうね。

あおい：結構コンプレックスを燃料にしてますもんね。

ケイ：ですね〜。負の感情をエネルギーにして生きてますね。「私、幸せ♥」は燃料にはならないんです。どちらかというと「くっそー！」という感情で生きてますから。

あおい：まさに今のお仕事の原動力ですもんね。発酵でごはんを食べてるんですから、まさに発酵食品！

ケイ：あはは。これからも発酵することでお仕事の糧にしたいと思います（笑）。

第3章

恋愛ブスって
こういうこと！

恋愛ブス行動①　彼氏の飲み会に付いてくる女

ブスはブスでも、顔ではなく、「恋愛ブス行動」についてお話ししようと思います。

「恋愛ブス行動」って何？という方も多いかもしれませんね。

簡単にご説明すると、恋愛時にのめり込むあまりやりすぎてしまう行動だったり、痛さ爆発行動だったり、また周囲に迷惑をかける行為を指します。

代表的なものといえば、「彼氏の携帯電話を勝手に見ちゃう」が挙げられますね。

私ね、彼氏の飲み会にやたら来る彼女とか嫌いなんですよ（笑）。これって恋愛ブス行動だと思うんです。

先輩芸人にこの手のパターンが多いんですよ（笑）。すぐに彼女を呼んじゃう男。呼ぶ男も男ですよね。

こっちが紹介してよってとき以外は基本連れてこないでほしいですよね。めっちゃ気使いますから。

呼びたがる男、そしてのこのこ付いてくる女、両方とも恋愛ブス行動ですよ。いったいなんなんでしょう。なんの目的があるんでしょうかね。

芸人が芸人仲間と飲んでいるときに自分の彼女を呼ぶってよくあるシチュエーションなんですけど、そんなときにほとんどの彼女はその彼氏芸人の隣にちょこんと座って、「私、かわいいでしょ」みたいな表情でじっと彼氏芸人見つめちゃってるんです。

要は「かわいいって言ってもらい待ち」状態なんですよ。

えぇえぇ、もちろんご要望通り言いますけどね。「かわいい彼女ですね〜、いい彼女ですね〜、うらやましいです〜」ってね（笑）。だって相手は先輩なんでね（笑）。この流れにあらがえないですって。

ちゃんと彼女を主役にしてあげます。「どこで知り合ったんですか？」とか質問してね。全然興味ないですけど（笑）。

そこで思い切って噛みついたらどうなるのかなあって想像したりはしますね。「なんで来ちゃったの?」「そこまで絶賛されるほどはかわいくないよ」「すっごい気使わせてるよ」とか言ってみたいですけどね(笑)。言いませんけども(笑)。

でもその彼女もいきなり呼ばれ、いきなり主役に祭り上げられることに気まずくないんでしょうかね。私なら耐えられませんもん。

ちょうどいいブスの私なら、もしもそういう場に呼ばれたとしたらはりきります。そしてもてなす側に回ると思いますね。みんなに会話を振ったり、褒められたらきちんと謙遜したり、それぐらいはやらないと居心地悪いですから。

ちょうどいいブスが生きていくうえでの処世術です。

でも美人はそういったことをしないでもチヤホヤされるのが当たり前の人生を送ってきたから、「彼氏の仲間内の飲み会に呼ばれる」というアウェーシチュエーションでも、いきなりエース級ストライカーみたいなポジショニングをしてしまうんですよね。

そこは違うだろ。お前がやるべきポジションはキーパーだろうと思うわけなんです、ちょうどいいブス的には。

たまにブスでもいますけどね（笑）。ブスなのにちゃっかりストライカーポジションに居座り退かないメンタルの強い図々しいタイプが！

まぁなんにせよ、美人でも「恋愛ブス行動」をとってしまうことがあるんです。美人のみなさんも要注意ですよ。

恋愛ブス行動②　ネット探偵女

これだけネット時代になっていますから、当然その弊害が恋愛にも及んでいると思うんです。

みなさんも日常生活の中で、気になる単語や話題、人物名が出たときに、自分で調べる前にまずは「ググって」しまいませんか？

それが恋愛シーンでも頻繁にググるようになってくると、たちまちブス行動につながってしまいます。それを私は〈ネット探偵女〉と名付けました。

たとえば合コンである男性と知り合ったとします。そこで当然自己紹介などで相手の名前を聞くことになりますよね。

そこから先は会話をしながら相手のことを探っていくのが普通ですが、ネット探偵女の場合、リアルなやりとりではなく、まず相手の名前をググって、身辺調査するところから始まります。

最近はどんな人もたいがい何かしらのＳＮＳをやっているので、芸能人じゃなくても情報がわんさか出てくるんですよね。

出身校や仕事、趣味、資格、またどんな友達がいるかとか、部屋の様子や普段食べているものなど、彼にまつわる情報を一気に仕入れることができてしまいます。

個人情報をひけらかしている側にも非があるのかもしれませんけど、ＳＮＳ上でつながる前から相手の情報をこっそりと見るようなことは、恋愛においてはマイナスしかもたらさないように思います。

知り合いから聞いた話ですけど、ネット上で知り合った相手の名前と住所などを手掛かりに、その彼とおぼしきSNSに辿り着き、その彼がどうやら医者だったとわかって鼻息荒く猛アタックしたらしいんです。

が、実際に会ってみたら同姓同名のフリーターだとわかって意気消沈。しまいには「だまされた」と憤慨までしていたそうで……。

なぜSNSの情報をそこまで鵜呑みにできるのか不思議ですよね。しかも本人のSNSではなかったようですし。

これは恋愛ブスにありがちな、「あり余る妄想力」が「ネット」と結びついてより間違った方向に暴走した例でしょうね。

現在進行形、もしくはこれから進展するであろう彼に対してネット探偵するのならまだ理解できなくもないですけど、さらに悪化すると、もう連絡をとっていない〈元彼〉の行動をSNSでチェックしている人も最近では増えてきているようです。

ここまでくるとなんの生産性もないですし、余計な執着が生まれるだけで精神的によくないですよね。元彼と新しい彼女のラブラブ写真とか見て、いったいどうしたいんでしょうか。

お話を聞くに、別に復縁したいわけではないらしいんです。単なる好奇心というか、中毒みたいなもののようです。まさに恋愛ブス行動といえるでしょう。

さらに発展すると、元彼の現彼女や歴代元カノ、元彼の家族や友達のＳＮＳをブックマークして、随時行動をチェックしている人もいるそうです。

ここまでくると恐怖を感じますよね（笑）。

恋愛、嫉妬心、執着、妄想……そんな感情にネットが結びつくと、途端に恋愛ブス行動を引き起こしてしまいますので、みなさんもご注意を！

恋愛ブス行動③　ヤルと好きになっちゃう女

突然ですがみなさんは、エッチした男性のことを無条件で好きになっちゃったりしませんか？

恥ずかしながら私は過去にあるんです。

ある男性といい雰囲気になって、相手からも好意を感じたので「してもいいかな」とその気になり、結果私は相手にのめり込んだけどその彼は単にセフレにしたかっただけ、みたいな失敗が。

この手の話、よく聞くでしょう？（笑）

それ以来、こんな経験をするのはまっぴらごめんと注意するようになったんですけど、でもありがちですよね。

「ブスはHしたら好きになる」の法則（笑）。

コンプレックスがあるから、そういうことをすると全肯定されたような気持ちになって、する前はそれほどじゃなくっても本気で好きになっちゃうんですよ。

コンプレックスがあっても裸をすべてさらけ出し、それを受け入れてもらえたことでコンプレックスがある程度解消されるというか。

でもセックスした途端に急に相手にホレちゃうのって、やっぱり恋愛ブス行動じゃないかと思います。その恋愛に未来はないですしね。

美人だと反対に男をヤリ捨ててるイメージですけど、美人のみなさんはどうなんでしょう？　美人もヤルと好きになっちゃいます？　それにしても、なんで男はヤったあと、あんな余裕ぶっこく感じになるんでしょうかね（笑）。

セックス前は追う男、追われる女の構図だったのが、事後は逆転してしまうことが多いように思うんです。

そうならないためにも、しっかりと好きになってもらってからしないといけないんです。

恋愛ブス行動についてご紹介してきましたが、まだまだたくさんあります。

たとえば……

●女友達の悪口を吹き込み女↓好きな男性にライバルになりそうな女友達の悪い噂を流し、その子とカップル化するのを事前に防ぐ

●恋愛マニュアル忠実女↓『引き寄せの法則』や『ルールズ』などの有名な恋愛マニュアル本を熟読し、それに忠実に行動するがため、不測の事態が出てきたときに対応できずにチャンスを逃す

●占い信じすぎ女↓占いの相性が悪いとその人との縁がないと最初から諦めたり、占い師の占い通りの展開にならないと縁がなかったと諦めるなど占い第一主義

●好きを振りかざし女↓「私はこんなに好きなんだから」を口癖に、彼を束縛したりわがままを押し通そうとする

みなさんも思い当たる恋愛ブス行動はありませんでしたか？

見た目はたとえブスだったとしても（笑）、恋愛ではブス行動は封印することが幸せの

条件のひとつだと思います。一緒にちょうどいいブス道を究めていきましょう！

アイドル系自虐ブスにはこう対抗せよ！

ちょうどいいブスの立場を脅かしかねない天敵「アイドル系自虐ブス」について考えていこうと思います。

「アイドル系自虐ブス」とは、美人の世界の中ではややブス、だけど一般的にはそこそこかわいい女の子が「私ってブスだしモテないし～」と自虐することで男女問わず好感度を上げ、世の中をすいすい渡り歩いている女の子のことです。

ここ数年、テレビでもよくこの手の女の子を見る機会が増えましたが、最近では芸能界以外でも増えてきたと聞いていますので、早急に対処法を学んでおいたほうがいいでしょうね。

彼女たちの存在があることで、彼女たちよりも容姿の劣る「ちょうどいいブス」は今までの戦略が通用しないようになり、苦境に立たされることが明白だからです。

可能であれば一緒のグループに属さないなど、とにかく離れることが先決ですが、それができずに一緒に行動しなきゃいけなくなった際は、ぜひともこれからご紹介する対処方法を参考にしてみてください。

たとえば合コンに一緒に参加したとしましょう。
合コンという場ではアイドル系自虐ブスは確実に「ブスって言われる」だの「モテない」だの自虐でみんなの気を引こうとするはずです。

そんなときにどうすればいいか。答えは「何もしない」です。

「え？　そんなん対策でもなんでもないじゃん」と思われるかもしれません。

でもね、大丈夫なんです。そういう子たちって、放っておいたらさじ加減がわからなくて自虐が行きすぎてしまうことがあるんですよ。下ネタとかも間違えて言いすぎちゃうことがあるんですよ。

ずばり対処法は「自爆するのを待つ」、これにつきます（笑）。

こっちは一日二日でできたブスじゃないんで自爆はなかなかしないんですけど、そこそこかわいいともてはやされてきた子たちが急に覚えた自虐は、もろいんです。

なんで虎視眈々と待っていれば必ず自爆します（笑）。

もし彼女たちが「私、ブスだし〜」と自虐を始めたら、「いや、私とあなたのブスは次元が違うし」と、周りの目を気にして多少の牽制はしておくと思いますけどね。これしないと「お前のほうがブスなのに何納得してんだ」と思われたら癪じゃないですか。

また「全然モテないんです」という自虐モテない合戦にはのってはダメです。ただでさえブスなのに、ブスだのモテないだのと自虐すれば、ますます男性から興味の対象として見られなくなってしまいます。

ただ一応は最初、「とは言っても本当はモテるんでしょ」ぐらいは言ったほうがいいと思います。

そのうえでアイドル系自虐ブスがさらにモテない自慢をやめなければ、「ごめん、やっぱ私のほうがモテるかも」ぐらいは言っちゃっていいと思います。

男としてはそれを聞いて、「この子にはブスなのに男にモテる何かがあるのか？」って興味がわいてくるはずですから。

「私のほうがブスなのに私のほうがモテるってなんでだと思う？」って、こそっと思わせぶりに男性に聞いちゃうのもいいかもしれません。

芸能界にアイドル系自虐ブスがかなり増えてきたので、これは一般社会にも広がる傾向にあると思うんですよ。きっと来年には、かなり増殖していると予想されますね。

ちょうどいいブスの天敵である以上、今からしっかり対策をとっておいて損はないです。

ちょうどいいブスの天敵⁉ 〝相談女〟について考える

女性の天敵ともいえる〝相談女〟について考えてみたいと思います。

〝相談女〟がどういう女なのかわからない人のために簡単にご説明すると、「恋愛相談をきっかけに、男性に近づく女性」のことを指します。

自分の彼氏にこういう相談女がよく近づいたりする被害報告もよく聞くので、女性にとっては天敵になりがちな存在です。

ちなみに私は、男性女性問わず、基本的には誰にも恋愛相談をしません。「実は彼とはこうなったんだ」っていう結果報告はしますけど、「どうしたらいいと思う?」という相談はしないんです。というのも「私は自分がどういう状況で何をしたいかが、自分でわかっているから」なんです。だから迷いませんし、それを相談しようとも思いません。

だから相談女を見ていると、こう思うんです。

「恋愛で悩んでいるくせに、楽しもうとまでしているなんて貪欲な女だな」と（笑）。

あと、相談女だけでなくボディタッチ女を見ていても思うんですけど、彼女たちって獲物を瞬時に吟味していますよね。

たとえばボディタッチをする女性をよく見ていると、イケてる男の子ばかりを狙っていて、いまいちな男のことは華麗にスルーしてるんですよ。

相談女も同様で、やはり狙ってる男にだけ相談しているんです。だから相談することが目的ではなくあくまでも手段なんですよね。

でもこういうある種〈差別的な行動〉って、私的には絶対にNGですね。自分が男性にこの手のことやられたら、コンプレックスが刺激されて落ち込みますから、自分も男性にはそういう失礼な態度をとりたくないんです。

こういう誰かが気分悪くなるようなことを恋愛テクニックとして利用するのは、もうやめにしませんか？

やるなら平等に！です。ブサイクだろうとなんだろうと、ボディタッチするなら全員に！　相談するのも全員に！　それができないなら全員にしない！　これでどうでしょう。

誰も傷つけず、それどころか楽しくなるような方法で恋愛シーンを乗りこなしてこそ、ちょうどいいブスなんです。

あと相談女が言いがちなセリフとして「あーあ、○○君が私の彼氏だったらなあ」というのがありますが、これも卑怯なのでタブーです。相談する中で、こういう「誘い言葉」いうのって、なんかルール違反な気がするんですよ。

あくまでもあなたは〈今の彼との恋愛を相談しているんでしょう？〉って。相談にのっちゃう男にも隙がありすぎますけど、女性からこんなふうに言われたら、誰だってデレっとなっちゃいます。男のかっこ悪いところを引き出してモノにしようとする恋愛手段は、私はあまり好きじゃないですね。

これのバージョン違いとして、「あーあ、○○さんの奥様って幸せなんだろうなあ」、という不倫誘発ワードもありますが、この手のセリフってとっても卑怯だし、誰も幸せにならないと思うんですよ。ガチすぎて遊び心がないっていうか。

相談女のやり口は、ちょうどいいブス道に反した恋愛術。私ならもっと遊び心がありつつも、人を傷つけない方法で恋愛心を盛り上げますね。

ちょうどいいSNSとの付き合い方

ちょうどいいブスが美人と対等に戦うための恋愛指南をしていきたいと思っていますが、今回は「LINE」や「メール」でのやりとりについて考察していきたいと思います。

男性から夜ふいに「今、何してる?」ってLINEやメールが届くことってたまにありませんか?

こんな何気ない連絡でも、返信次第で相手をドキッとさせることが可能なんです。

まず避けたほうがいい回答は即答での「暇だったよ。○○君こそ何してた?」です。

内容によっては即答が求められる場合もありますが、ここでは単純に送ってきた男性が暇で、ぼんやりかつ無意識に話し相手を探しているだけだと思われますので、いくら気になっている男性からだったとしても、ガツガツしすぎてしまうと、引かせてしまう可能性もあります。


じゃあいったいどんな回答がちょうどいいのか。

私なら5～10分程度時間をおいてから、「今ちょうどお風呂から出て髪を乾かしてた」です。

まずはガツガツせず、余裕をもつことが大前提ですね。そして「お風呂」というワードを入れ込むこと。これは裸を連想させてちょっぴりエロいだけじゃなく、シャンプーやせっけんの香りが漂う感じで、清潔感やさわやかさもあるんですよ。

周りの芸人仲間にこのことを話すと、みな「わからんでもない」「なんかドキッとするかも」という意見がほとんどでしたね。


実際にはもちろんお風呂上がりである必要はありませんよ。たとえ家でソファに寝転んでお尻をかきながらビールを飲んでいたとしても、LINEやメール上でイイ女に見えれば○Kなんですから。

同じく夜にたまに送られてくる「遅くにごめん。起きてた?」というメールやLINEには、もったいぶる必要はありません。これはなるべく早く返信するのがよいと思います。

それは、相手が何を求めているかを考えるとおのずと見えてくると思いますが、まずこういう連絡を女の子に送るとき、その男は眠れなくてなんだか寂しくて、すぐにでもこの状況に付き合ってくれたり癒やしてくれる相手を求めているんですよ。

それもあなただけに送ったわけじゃなく、何人かの女の子に送っている可能性が考えられます。

そんなときに最も必要なのは、「ライバルよりも早く返信すること!」なんです。

連絡に気づいたらすぐに「起きてるよ」と即答し、相手の反応を待ちましょう。まずは「あなたと同じ状況です」ということをすぐに伝えなければダメなんです。

そのうえで彼からのさらなる返信を待ちましょう。その後のやりとりは、「共感」や

「同調」することを念頭においておけば、失敗することはないはずです。

ちょうどいい切り返しLINE術

引き続き、何気ない男女のやりとりでのちょうどいい切り返しLINE術を考えていきましょう。

まずは「飯食いに行くか？」という連絡がきた場合です。

男性から「飯食いに行くか？」とメールやLINEで誘われることってありますよね。ここでまずやっちゃいけないのは「話の流れを止めてしまうこと」です。たとえば「食べるって何を？」とか「いつ行くの？」とか「2人で？」とか、質問で返したりして会話を止めてしまうような返答は、せっかく誘ってくれた男性のテンションを下げてしまうだけなのでやめたほうがいいと思います。面倒くさい女だなあって印象にもなっちゃいますしね。

ここでのちょうどいい回答は「はいっ、行きますっ♪」。犬、それも子犬感を感じさせる返しをすると、男性はグッとくるんですよ。「ワンワンっ♪」って感じの（笑）。

まずは「行きたい」という素直な気持ちをわかりやすく表現すること。そしてそこに誘われたうれしさを素直にかわいく伝えることが重要です。男性の口調が「行くか？」とちょい上からだった場合は、こんなふうに下から入り込むニュアンスが好感度高くなると思いますよ。

次に飲み会や合コン後のありがちなメール＆ＬＩＮＥのやりとりについて考えていきますね。

たとえば飲み会から数日後「この間の飲み会で会ったヒロトだけど覚えてる？」という連絡がきたとしましょう。

このときにまずやるべきことは「もちろん！」と覚えていることをテンション高めに伝えることが第一です。

でもそれだけじゃ当たり前すぎますよね。そこにプラスアルファをつけ加えるべきなんです。その彼と出会ったときの会話の内容を思い出し、そのやりとりをつけたしてみてください。

たとえば「小学校のとき運動会でみんなの前でおもらししちゃったヒロト君だよね?」とか「ツイッターのフォロワーが3人しかいないヒロト君だよね?」とかがいいですね。

ここでのポイントは、彼のちょっとしたマイナス面をイジること! 褒めたり媚びたりではつまらないんです。


出会った日の会話の中で出てきた彼の自虐エピソードをイジることで、彼のことをよく覚えているというアピールにもなりますし、さらには「おい、それ言うか!」と彼にも突っ込む隙を与えることができるんです。

それによって、軽口を叩き合うことができ、よそいきの会話ではなく親近感がわいてきて距離がグンと縮まります。そして1回しか会っていないのに仲よくなれちゃった感覚になれるんです。「この子と話すと楽しいな」と思わせることができれば成功です。

なので合コンや飲み会では、モテようと自分アピールばかりするのではなく、相手の会話をしっかり聞くことが大事ですね。

第4章

男が“ちょうどいいブス”を選ぶとき

徹底取材「男は想像以上にブスを選んでいた！」

ここまで読んでもなお、「でも男ってなんだかんだいってブスより美人が好きなんでしょう？」と疑っているブス（笑）の方もたくさんいらっしゃるかもしれません。

そこでこの章では、男性のリアルな声を取材し、実際に「ちょうどいいブスの戦略はありか・なしか」についてリサーチしてみました。またそのリサーチを通じ、世の中の「ちょうどいいブス」たちのリアルな恋愛テクニックも明らかになりましたよ。

まずは30代～40代の男性100人にこんなアンケートをとってみました。

「今まで関係をもった女性、美人とブスの割合は何対何でしたか？」

みなさんはどのくらいの割合を想像しましたか？　私はなんだかんだいって美人が優勢なのだと思っていたんです。がしかし、こんな結果が。

1位　美人2：ブス8　42人
2位　美人10：ブス0　18人
3位　美人5：ブス5　15人

いちばん多かった回答が「美人2：ブス8」！

正直びっくりしました。この質問では美人とブスの二択しかないので、これをどう捉えるかによって、美人とブスの概念そのものが個人個人で異なるという前提はあるのですが、少なからず二択化したときに「ブス」とカテゴライズした女性とそういった関係になっている男性がこんなにも多いということに、まずは美人でないみなさんは勇気をもつべきです。

ちなみにどのくらいの割合でこの回答だったかというと、実に約4割強がこの回答だったんです。

さらにここにはもうひとつ重要なデータが。女性経験が豊富な男性ほどブス比率が高い！

つまり、モテ男はモテるからって美人しか相手にしていないわけではなく、ブスとも関係をもって経験を積み、「これまでに何人の女とヤッた」というモテる状態を演出しているのです。

この「美人2：ブス8」の割合の男性に、なぜブスと関係をもったのかを聞いてみたところ、「とりあえず間口が広いのがブスだから、飲んだときとかに気づけば性欲に負けてしまった」という〝酔ったらいける〟論理を証明する結果に。

でも普通であれば〝遊び〟で終わってしまう関係ですが、女性のその後の態度によっては「結局付き合うことに」「いつの間にか自分もホレていた」といううれしい結末もちらほら。中には「酔った勢いで抱いたブスが今の嫁です」という男性もいたので、〝酔ったらいける〟をスタートとして恋愛するのはそう間違った戦略ではなさそうですよ。

そして実は二番目に多かった回答がこちら。「美人10：ブス0」！

そうなんです。どんなことがあろうとも、ブスとはそういった関係になるもんか！という男性も残念ながら確かに存在していました。全体の2割弱ぐらいでしたね。

この〝ブス、ダメ絶対派〟の男性の特徴はというと、職業が美容師、デザイナー、ヘアメイクといった〝美〟にこだわりのある、なおかつ〝あまり性欲がない〟タイプの男性に多かったですね。当然、付き合った経験人数は少なく、慎重派。

なのでこの手のタイプを落とそうと思うと、かなり苦戦が強いられるかもしれないです。ちょうどいいブスのみなさんは、そういった面でターゲット選びは慎重にしないといけません。

この手の男性の全員がブスはNGかといったらそうでもないんですよ。「うちの彼女は美人」と言い張る人の彼女写真も見せてもらいましたが、「え？　まぁまぁのブスじゃん(笑)」っていうこともありましたから。要は好きなコはみんなかわいく見えるという優しい心の持ち主ってだけで。最低限の身だしなみさえ整えておけば、あなたのことをブスどころか美人だと思ってくれるかもしれません。

その他、「美人5：ブス5」も意外に多かった印象です。これは「美人でもないけどブスでもない女性と付き合ってきたから、なんとなく5割」って意味かもしれません。

今回男性にリサーチしてみていえることは、割合関係なくみな「美人に何かしらの畏怖の念」を抱いていたという点。

もちろん美人様に相手にしてもらうのがいちばんなのでしょうが、実際には一部の男性を除きそんな奇跡が起こる割合は低く、また畏怖の気持ちから自ら踏み出す勇気ももてないとのこと。そんなこんなで結局はそこそこのブスと恋愛をすることになるのかもしれません。

つまりは「私ってばブスだから」なんて遠慮していてはもったいないという結果！　世の中のブスたちは（笑）、案外恋愛しまくっていたんです。

次からは、実際に「ブスと関係をもった男たち」の具体的なストーリーに迫っていきたいと思います。

「僕たちがちょうどいいブスを抱いた理由」

ここでは「普段は美人が好きだけど、なぜだかブスに惹かれて抱いてしまった経験がある」という3人の男性に、それぞれ「なぜブスを抱いてしまったのか」、そして抱いただけでなく「なぜブスに心奪われてしまったか」という物語をお聞きしました。

そこで見えてきたのは、いわゆるちょうどいいブスの男心を揺るがす恋愛心理テクニックの巧みさ！　私もとっても勉強になりました！

CASE①　酔った席で巧みに誘導され……

あれは社会人になって数年目、久しぶりに大学時代のゼミの集まりがあった日の夜の出来事です。

仲間総勢10人程度が集まったのですが、その中に「ちょうどいいブス」であるA子がいました。

A子とは当時から気は合うものの、正直女性としてはまったくなし！　でもA子からはほのかな愛情は感じていました。

そして飲み会が終わり、終電を逃した僕たちはそれぞれタクシーで帰ることに。僕がタクシーに乗り込もうとしたとき、A子が僕が乗ろうとしたタクシーにさっと乗り込んだんです。

「同じ方角だから一緒に乗せて。あなたのちょっと先に住んでいるから」と。

土壇場で乗り込まれたので断ることはできません。仕方なく一緒にタクシーに乗ることになったんです。

しばらく走り、僕の家が近づいてきたので先に降りようとすると、「私も降りよっかなー」と耳打ち。半ば強引に一緒にタクシーを降りました。

「え？　家は？」と慌てる僕に向かい、「私の家、全然違う方向だし」とあっけらかんとクスクス笑うA子。そして流されるまま僕の家へ……。

まさかA子とそんなことになるとは！　自分でも信じられなかったですが、実はその後ちょっと付き合ったんですよね……。

ブスの恋愛戦術を分析

やりますね！　A子！　まさに「酔ったらいける」を実践しているちょうどいいブスがここにもいましたか。

タクシーのやりとりも、降りたときにあっけらかんとネタ晴らししたのもポイント高いですね。そう、ブスはじめっとさせちゃダメなんですよ。このぐらい楽しく強引にイケイケだと、逆に魅力に映りますから！

CASE② 遊びのはずが逆に翻弄され……

正直言って僕はそれなりの女性経験があります。50人以上です。夜な夜なクラブにナンパに出かけては、その日お持ち帰りできそうな女性を物色する日々を過ごしていました。

僕が出入りするそのクラブには同じようなヤリ目男が集っており、終電後の時間はまさに女の奪い合いでした。当然いい女からどんどん声がかかり、時間が経つに従って美人やかわいい子がどんどん消えていくのが常識。

その日は全然ナンパがうまくいかず、もうすぐ始発の電車が走り出すという時間にまでなってしまいました。

当時の僕は性欲で頭がおかしくなっていたので、もはや誰でもいい、そんな気分でした。でもこんな時間に余っている女性は正直言ってブスばかり……。

そんなときに出会ったのがB子でした。クラブの暗がりでは「いけるかも?」と思ったのですが、外に出て朝靄の中で彼女の顔を見るとほんとにブスで一瞬躊躇しました。しかし性欲には勝てず、ホテルへ。

でも最初の印象とは裏腹に、意外にもそういうことをしてみるとものすごくいい子だし、こういったらなんですがものすごくあっちがよかったんです。

ことが終わったあと、僕にはよこしまな気持ちが芽生えてきました。「このレベルだったら、うまいこと言えばセフレとしてキープできるかもしれない」と。そこで僕はB子に単にヤリ目だと悟らせないために、「連絡先を交換しようよ！　また会いたいし」と言いました。

するとB子はニコッと笑い、こう言い放ちました。

「今日はダメ。今度またどこかで会ったときにね」

心のどこかで舐めていた相手にしてやられ、その日から僕はなんだか意地になってB子を探し始めました。いつものクラブで他の子には声をかけず、気づけばB子が来るのをずっと待っていました。でも常連らしいのに1か月近く姿を現さなかったんです。

僕はおかしな話、女性がよく言うところの「ヤリ逃げされた感覚」を味わい苦しみました。

そしてなおも通ううち、ついにB子が姿を現したんです。

その瞬間うれしくなり、すぐに声をかけに行きました。するとB子はまたもやニコッと笑い、僕の目をじっと見つめこう言ったのです。

「まだ私に声をかけるには早い時間だよ。ほかの女の子頑張って落としてきなよ」と。

そして僕のことをおいて、去っていきました。

そうです、B子はこのクラブの常識、暗黙のルールを知っていたのです。そのうえであの日僕についてきて、そして今では形勢を逆転させたのです。

きっと僕はこの間、B子に恋をしていました。まさかこんな恋の始まりがあるだなんて……。

ブスの恋愛戦術を分析

まぁ全体的にひどい話ですけど（笑）、この彼の気持ちは理解できますね。

気高いブスっているんです。そしてその気高さってまるで美女のオーラを醸し出すこともあるんですよね。

自分に余裕があるというのは自分を高く見せてくれます。逆に卑屈になったらブスはさらにブスになります。これはかなり使える上級テクニックじゃないでしょうか。

CASE③　振り返ればブスがいた……

僕の妻の話です。正直申し上げて、僕の妻はどちらかというとブスです（笑）。でも僕自身、結婚前に付き合っていた女性はみな美しい人ばかりでした。だから別にブス専ではありませんよ。

ではなぜそんな美女好きの僕はブスな妻をもつに至ったのか。

当時僕には結婚を考えていた美人の彼女がいました。ものすごく大好きで、ほとんど彼女の言いなりの日々。何年付き合っていても安心感はわいてこず、トキメキや刺激が勝り、楽しくも苦しい恋愛でしたね。

しかしそんな大好きだった彼女から急に別れを告げられました。あまりにも落ち込んでしまった僕は、職場でもそのショックを隠し切れなかったんです。

そんなときに僕をたくさん元気づけてくれたのが、同僚のC子。はい、これが後の妻となるちょうどいいブスです（笑）。

C子とは同期で、ずっと同僚でした。女性として見たことは一度もなかったけど、ものすごく気の合う子で、友達としてよく二人で飲みに行ったりもしていたんです。

そんなC子が僕の異変に気づき、飲みに誘ってくれました。そしてC子の包容力に甘え、恥ずかしげもなくワンワン泣いてしまった僕……。

その日、C子は初めて僕の家に来て、一緒に朝を迎えていました。朝になってC子は言いました。

「ずっとあなたが好きだった。気づいてたでしょ？」と。

はい、僕は心のどこかで気づいていたんだと思うんです。そしていつしか惹かれていき、妻となりました。

嫁がブスとかこうしてネタにしちゃってますけど、本当はめちゃめちゃ愛してますから。こういう男って世の中多いと思いますよ。

ブスの恋愛戦術を分析

結構世の中、妻がブスな愛妻家って多いんですよ（笑）。ちょうどいいブスとしてきっちりやるべきことをすれば、つまらない身勝手な美人よりもよほどいい女じゃないですか。

美人は出会った瞬間に男性を射止めることができますが、ブスは時間がかかります。ですが時間をかけた分だけ、長く愛されるんじゃないかと思うんです。

まずは内面の徳を積んで（笑）、急がば回れ的な恋愛をすることですね。

ここで登場した3人のブスは、みなブスであることを自覚していると思うんです。まずは自覚、だからこその行動。私が言い続けてきたことと一致しているので、間違っていなかったと改めて感じましたね。

結局ブスとどう向き合っていくか、相手がどうこうではなく、自分自身の問題なんです。

男性で言うところの「ハゲ」に近いでしょうか。

ハゲを自覚せず、なんとかごまかそうと変な髪型にしている人って、正直言って魅力を感じないですよね。でもハゲという自分と向き合って、それをきっちり自分の個性として愛してあげられれば、魅力に変わるんです。

ブスにも同じようなことが言えるかもしれません。だから私たちは「ブス」という現実と真正面から向き合っていくことで、魅力を作り上げることができるんです。

この作業って美人だったら必要ないことですけど、でも美人には体験できないとても貴重なプロセスだったりします。私はこのプロセス、好きですね。みなさんもこの本を読み、何か気づくことがあればいいな、とちょうどいいブスの私は思います、はい。

COLUMN 02

相席スタート **山崎ケイ** × 尼神インター **誠子**
ちょうどいいブス対談

ちょうどいいブス東西対決!?

みなさんこんにちは。相席スタートの山崎ケイです。今回は「ちょうどいいブスのススメ」に最もふさわしいゲストをお招きしましたー！　尼神インターの誠子ちゃんです！

※　※　※

誠子：ブスでふさわしいってどういうことや？（笑）
ケイ：まぁまぁまぁまぁ（笑）。
誠子：ブスのみなさん、はじめまして。

ケイ：違う違う！　「ちょうどいいブス」だから。

誠子：ちょうどいいブスって！　てか出会ったときはケイちゃん、ちょうどいいブスって売り出しはしてなかったよな。自分ケイちゃんと同期やねんけど。

ケイ：大阪と東京だけど、入学年度が同じなんだよね。

誠子：そやな。最初はあまりしゃべらなかったよな。でもたまにライブとかで一緒になったときに、ひそかにケイちゃんのこと影から見てたんや。「おっ、東京にもブスの女芸人が同期にいるんやな」って気になってて。

ケイ：何それ（笑）！

誠子：あのころのケイちゃんは今よりももっとブスだったよな。身なりもみすぼらしくって（笑）、今よりももっとちゃんとブスしてたよな。

ケイ：でも私、そのころはまだブスいじりされてなくって自分がブスだなんて思いもしてなかった時期だよ（笑）。

誠子：それもわかってた。この子ブスって言われてこなかった人生なんやろなって。客観視できてない筋金入りのブスなんやろなって。

ケイ：あはは。誠子ちゃんに言われるって相当だったんだね。

誠子：芸人たちからブスいじりを今後どんどんされるようになるやろうけど、そうなったら傷つくんやろな、こんなところいられへんって辞めてしまうんやろな、このブスの子はって思ってた。

ケイ：ブスの子はって（笑）。

誠子：今まで何人もケイちゃんみたいにブスの自覚なくお笑いの世界に入って、その後ブスいじりされて芸人の世界から去っていったブスを私何人も見てきたから、ケイちゃんも絶対に続かないと思ってた。

ケイ：誠子ちゃん、ブスを見守り続けてきたんだね（笑）。確かにそうやって辞めていくブスはたくさんいるね（笑）。

ブスと気づいてしまった山﨑ケイは!?

誠子：でもね、ケイちゃんをその後しばらくして見たときに、いつの間にかちょうどいいブスってキャラになってんねんな。その過程を知らなかったから、「すごい、この子は、いやこのブスの子は」って感動して。

ケイ：言いなおさなくていいから（笑）。でも何がすごいと思ったの？

誠子：普通のブスは何十年もかけてブスという試練を徐々に受け入れ、乗り越えてきてるわけやろ。私もブスの自覚が早かったから今さらブスいじりされても傷つかんけど、大人になってから自分がブスだと告知されたらそりゃ辛いだろうって想像できるし。でもケイちゃんはブスを告知されてからわずかな期間で乗り越えて、さらにはそれを自分の売りにまでしてたからこれはすごいブス界の新星現るって思ったな。

ケイ：全然うれしくないけど褒められてるのかな。

誠子：褒めてる、褒めてる。それにな、ケイちゃんがすごいと思うのは、単にブスいじりを受け入れてるだけじゃなくって、「あわよくば」ってとこもやってるやろ？　ビジネスブスやりつつ、プライベートでは女あきらめてへんっていうのがものすごい上手やと思うわ。このずるさというか賢さというかあざとさというか、これはケイちゃんが頭いいからできてると思うわ。その手があったのかと。

ケイ：もちろん！（笑）ブスだろうとなんだろうとモテたいし（笑）。

誠子vs.ケイ、ブスなのは果たして!?

ケイ：ところで誠子ちゃんは、私と誠子ちゃんのどっちがブスだと思ってる？

誠子：そやな、純粋に容姿だけでいったらケイちゃんのほうがブスやと思う（笑）。

ケイ：まぁそうだね。それは認めてあげる。遺伝子レベルでいったら誠子ちゃんのほうがかわいいと思う（笑）。

誠子：そこはわかってくれてたんやな。よかったわー。

ケイ：誠子ちゃんってよく見ると目がぱっちりしてるし、鼻だって悪くない。わかりやすい欠点といえば歯が出てるくらいかな。

誠子：いちいち言わんでいいやん（笑）。

ケイ：誠子ちゃんの顔ってパーツパーツで見ていくと秀でたものがあるのに、なぜか結果としてはブスなんだよね。

誠子：ケイちゃんは逆やな。

ケイ：そう、私って顔のパーツに決定的な欠点があるわけじゃないの。でも秀でたパーツもない。全体的に少しずつブスで、トータルバランスとしてブスやってるんだよね。

誠子：体操競技みたいやな。たとえばあん馬だけ得意だけど鉄棒に弱点がある、みたいな一点突破型が私のブススタイルで、ケイちゃんは秀でた競技はなくどの競技も万遍なくできるみたいな器用なブススタイル。

ブスを隠そうとしない誠子、ブスを隠そうとするケイ

ケイ：お互いのブススタイルに違いがあるのがわかったね（笑）。

誠子：そんなもんわかっても1ミリも人生で役立たへんけどな。でもケイちゃんって髪型

とメガネと無難な服装でブスをごまかせてるよな。
ケイ：そう、それは結構狙ってやってる。誠子ちゃんはブスを隠そうとしてないよね（笑）。
誠子：隠せるなら隠したいわ！　ケイちゃんはなんだかんだでモテてるん？　彼氏おったことあるんやったっけ？
ケイ：私のことモテたことないと思ってるでしょう？　誠子ちゃんは「山﨑ケイ処女説」を推してくるよね（笑）。
誠子：最近唱えてます。

山﨑ケイは「ブスボケ」をし続けている？

誠子：てかケイちゃんって彼氏いたことあるねんな。処女じゃないねんな？
ケイ：まぁ恋愛はそれなりに。
誠子：ってどんなボケや！
ケイ：ボケじゃないってば（笑）。誠子ちゃん、私がずっと「ブスボケ」をし続けてると思ってるでしょ？
誠子：だってそうやんな。ブスで処女で彼氏もいたことないくせに、巧みな恋愛アドバイスするボケをし続けてはるでしょ。えらいプロ根性や！　芸人の鑑や！

ケイ：だから違うってば（笑）。

誠子：本か何かを読んだりして恋愛の知識だけためて、あとは妄想でやってはるでしょ？ケイちゃん頭いいからできるやろ。

ケイ：実体験のベースがあるんだって（笑）。

誠子：信じられへん。ちなみに彼氏は今いてはるの？

ケイ：うーん、そうねぇ。ちゃんとした彼氏がいたのは6年前かな……。

誠子：なんやそれ。どんなボケや！

ケイ：これは「ちょうどいいブスの恋愛戦略」なの（笑）。あえてぼやかすっていう。誠子ちゃんも素質的にはちょうどいいブスなんだから、この連載ちゃんと読み返してみて。

誠子：こんなんが男には有効なんや。わからへんわー。

純粋すぎるブス、誠子の恋愛観とは!?

ケイ：誠子ちゃんって恋愛観もすごくまじめだよね。彼氏いたことないって誠子ちゃん言うから、「もしも今好きな人と付き合えることになったら、一生その人だけでいいの？」って聞いたでしょ。そしたら「もちろん」って即答してたよね。

誠子：それって普通やろ。

ケイ：普通じゃないよー。私は一人なんて絶対にいや。もっといろんな人見たいし付き合ってみたい。

誠子：こんなブスやのに、どうしてこんなアバズレな考えなんや。

ケイ：あはは（笑）。

誠子：こんなにブスなのに、なんで発言が美人なんや！

ケイ：だってそれなりに恋愛経験があるから（笑）。

誠子：これ以上笑わすな。ブスボケ長いわ！（笑）

ケイ：誠子ちゃんって、めっちゃピュアでめっちゃいいブスだよね（笑）。

誠子：めっちゃいいブスってどういうことやねん！

性格がよすぎるブス・誠子の魅力をケイが語る

ケイ：でもさ、誠子ちゃんって本当にいい子だよね。人の悪口とかも言わないし。

誠子：まぁそうかもな。

ケイ：今まで私、人の悪口を言わずに面白いことを言うのは成立しないと思ってたの。でも誠子ちゃんは人の悪口を言わずに面白いことバンバン言えるでしょ。ほんと、すごいと思ってる。本当に誠子ちゃんって心のきれいな人なんだと思う。心は。

誠子：なんか引っ掛かる言い方やな（笑）。
ケイ：誠子ちゃんのことを好きだっていう男の人がいたといたら、本当に見る目ある人だなって思う。女の趣味いいなーって感心する。でも私が男なら絶対に付き合わないけど。
誠子：どういうことや！　付き合えや！
ケイ：誠子ちゃんとはここ最近仲よくなって恋バナとかするようになったんだけど、私がアドバイスしたことを誠子ちゃん全部メモするの！　バッグからかわいい手帳とり出して一生懸命書き込んでて。その姿がもうかわいくってしょうがなくってさ。
誠子：私、なんでも筆記するクセがあるから。

ブス of ブス！　誠子の心の美しさはブスゆえ？

ケイ：そういうの見てると、誠子ちゃんってちゃんとブスやってるなーって思うんだ。
誠子：ちゃんとブスやってるってどういうことや！
ケイ：なんかブスのＯＬがやってそうでしょ。１日１ハッピーを手帳に書き込む、みたいな（笑）。夜に寝る前に両思いになれるおまじないとかしてそうなイメージがあるんだ、誠子ちゃんって。恋バナしててもあまりにもピュアで、女子中学生の悩み相談聞いてるみたいだったもん。誠子ちゃん以上に心がキレイなブスは見たことないし。

誠子：おい！　それ褒めてないやろ！

ケイ：褒めてる、褒めてる（笑）。誠子ちゃんの心がキレイなエピソードはたくさん知ってるんだけど、最近聞いて感動した話があったんだよね。

誠子：言うてみぃ。

ケイ：誠子ちゃん、最近仕事が忙しくて全然休みがないのに、本当に久しぶりに半日休みができたってときあったでしょ。そのとき普通のブスなら買い物に行ったり友達と遊んだりすると思うんだけど、誠子ちゃんは違ったんだよね。友達に妊娠した子がいて、その子のためにわざわざ一人で水天宮にお参りに行って安産守りをもらってきたっていう。もうブスの鑑のような人だなと（笑）。

誠子：ああ、あったな。でもそれ、ブスとか関係ないやろ（笑）。

ケイ：いや、これはブスだからだと思う！　しかも生まれながらのブスだから！

誠子：どういうことや!?

ブスを自覚したタイミングの違いでブス観が変化!?

ケイ：誠子ちゃんって小さいころから自分がブスだと思って生きてきたでしょう？

誠子：まぁそうやな。妹が美人やったから、家族の間で自然とブスだと思わされてきたからなぁ。

ケイ：家族間でブスとか美人とかって概念があるのにびっくりする（笑）。

誠子：そうやなー。私とケイちゃんはブスを自覚したタイミングも逆やな。ケイちゃんはずっとブスじゃないと思って育ってきたわけやろ？

ケイ：うん（笑）。もちろん美人ではないとはわかってたけど、でもブスでもないと思ってた。

誠子：まぁ普通そうやな（笑）。芸人にさえならんかったら、ケイちゃんは自分がブスだと気づかずに今も生きてたかもしれへんな。

ケイ：大人になってから「お前ブスだぞ」って言ってくる人いないしね。でも私、自分がブスだって知ってよかったと思ってるんだ。じゃなかったら調子こいたブスになってたかもしれない。この本でも、テレビでも演説したことあるんだけど（笑）、ブスだからせめて当たり前のことはちゃんと頑張ろうって思えるようになったんだ。たとえばトイレに行ったらちゃんとトイレットペーパーを替えようとか、洗面所はキレイに使おうとか、礼儀正しくしようとか、ブスならせめてそういう人間として当たり前のことをきちんとしなきゃって思って。

きちんとしたブス道を極めるべし？

誠子：まぁ調子こいたブスは目も当てられへんからな。

ケイ：誠子ちゃんはそういった意味で生まれながらにしてブスとして生きてきたから、こういう当たり前のことが最初からできてたちゃんとしたブスだと思うのね。

誠子：ちょっと、ブスって何度言ったら気がすむん？（笑）

ケイ：あははは（笑）。世の中には先天性のブスと後天性のブスがいて、誠子ちゃんはまさしく前者！　だからブスが板についているというか、私にはないものをたくさんもっているんだよね。

誠子：なんかブスって深いなぁ。

ケイ：でしょ（笑）。ブスって考えていくうちに、どんどん大きな存在になっていくというか。包容力のある母性的な言葉だなって。

誠子：ブスあるあるやな。ブスのことを掘り下げていくと、「ブスって顔がブスのことを指しているわけじゃない。容姿の問題だけじゃない」みたいなこと言い始めるしな。

ケイ：そうなの。どんどん哲学的になって、結果、わけがわからなくなってく（笑）。

誠子：でもなんか楽しくなってくな。ブスの話してくと。

ケイ：それぞれのブス論がみんな違うから面白いよね。誠子ちゃんのブス論、もっと聞きたくなるもん（笑）。

ブスとは一体なんなのか……

誠子：でもさ、ブスってなんなんだろうって思わへん？　もちろん顔ありきなんやろうけど、それだけでもないっていうか。

ケイ：誠子ちゃんなんて、最近ブスじゃなくなってる気すらするよ。

誠子：せやろ？　最近ブスが薄まってきてると自分でも思うねん。昔はライブで楽屋入りしてから芸人たちのブスいじりが止まらなくて自分の席につけなかったんやで。誇張でなく。

ケイ：どういうこと（笑）？

誠子：私を見つけると芸人たちがこぞって集まってきて、即興のブス大喜利会が始まるんや。いかに「ブス」って言葉を使わずにブスを伝えるか、っていう遊びが流行ってたから、それがひとしきり終わるまで席につけなかったんや（笑）。そこで生まれた表現が「ホンコンさん似」とかなんやけど。

ケイ：それは過酷（笑）。さすがに東京ではそこまではないかなー。

誠子：せやろ。大阪ではブスブス言われたけど、東京だとそこまで言われへんのよ。だからブスが薄まってきてる気して。

ケイ：確かに東京ではたとえ芸人でもあまり「ブス」とは言われないかな。私もストレートにブスじゃなくって「ちょうどいいブス」って言われたし（笑）。

誠子：そうやな。でも大阪では当たり前のようにブス、ブス言い合うな。

ケイ：東京だとタブー感の強い言葉かも。だから東京は自分がブスだと気づいていない子が多いのかもしれない。

誠子：関西ではブスって言葉はあまり深い意味を持っていないかもしれへんな。みんなカジュアルに使いよるねんな。だから言われてもそこまで傷つかへんから受け入れやすいっていうのはあるかもしれへん。

ケイ：確かにブスって言葉、最初はすごく強い言葉に思えたけど、ブスって連呼し続けてたらどんどん麻痺してきたのは確か（笑）。

誠子：もっと世の中、ブスって言葉を気軽に使ってもいいんやないかと思うわ。そしたら本物のブスもあまり傷つかなくなるし、勘違いブスもブスって指摘されるようになって絶滅できるかもしれへんしな。

ケイ：ブスの価値観がいろいろと変わりそうだね。

美人に生まれ変わりたい？　それとも……

誠子：でも、なんだかんだで私たちは芸人だからブスを利用してるやん？　ケイちゃんは美人に生まれ変われるってなったらどうする？

ケイ：もちろん美人に生まれ変わる！

誠子：そか、私はならへんな。ブスのままでいくわ。

ケイ：覚悟あるブスなのね（笑）。

誠子：ブスとして生まれて今が一番楽しいねんな。

ケイ：私もそれは一緒。でも美人になったらもっと楽しいかもって思っちゃう。この違いってなんなんだろ。

誠子：それは異性の目を意識してはるからじゃないんかな。

ケイ：それだ！　私は結局はモテたいブスで誠子ちゃんはモテたくないブスなんだ！　うん、私と誠子ちゃんのブスの違いが見えてきた。

誠子：こんな結論でええんか？

ケイ：うん、いいの（笑）。でもまだまだ誠子ちゃんとはブス話できそうだからまた来てね（笑）。ブス話って尽きないし、誠子ちゃんとならもっと深められそう！

誠子：いややわ（笑）。

第5章

“ちょうどいいブス”のライフスタイル

ちょうどいいブスのちょうどいい部屋づくりとは？

ブスにもちょうどいいがあるように、部屋にもちょうどいいというものがあるんですよ。恋愛において「一人暮らしの部屋」というのはとても心強い武器となりえるんです。

まずは〝部屋をどんなときでも常にちょうどよく片付けていること〟！

汚いのはもちろんNGですけど、塵ひとつない完璧すぎる部屋も意外と男性が引いてしまいダメなんです。たとえば急に男の人が来ることになったときに、ちょっと玄関先やコンビニで待たせている間にチャチャッと片付けられるぐらいが「ちょうどいい部屋」だと私は思いますね。そのぐらいの隙がかわいいじゃないですか。

常に誰かをあげれられる程度に部屋を片付けていれば、気になる男性と飲んでいて終電を逃して「飲みなおそう」というときや、グループで飲んでいて、どこか別の場所でというときに「じゃあうち来る？」とさりげなく誘ったりできるようになりますよね。チャンスが増えたりアピールができたりするようになるんです。

また部屋にあげた際にぜひやりたいのが、「コンビニで買える材料で作れるカンタンな料理をパパッと出すこと」です。そうですね、まずは最低3品はコンビニおつまみレシピをもっておくといいと思います。徐々に増やしていけばいいですから。

夜、急に家に来るシチュエーションのときって、冷蔵庫に何もストックがなかったり、スーパーが閉まっている場合も多いですよね。そんなときに近所のコンビニでカンタンに手に入る材料で作れるっていうのがポイントなんです。最近のコンビニは意外といろいろなものが売っているので、結構使える材料が多いんですよ。普段からどんなものが売っているのかチェックしてみてください。

私がよく作るのは、サラダチキンを割いたものにゴマ油をちょっとかけて、刻みねぎをざっくり混ぜたもの。塩コショウで味を調えてそのまま出してもいいし、冷奴の上にのせてもおいしいですよ。

あとは卵とカニ風味かまぼこでカニ玉もどきを作ったりとか、アボカドをざっくり切ってマヨネーズで和えたりとか、ほんと簡単でいいんです。簡単だけどコンビニの材料だけでササッと作っちゃいました感がいいんですよ。男性からすると、コンビニの材料で夜中にパッと出してくれるってことは、普段ならもっとすごいんだとか勝手にいい想像してくれるんです。そのためのあえてのチャチャッと感ですね。

部屋に男性を連れ込んで（笑）、簡単なコンビニレシピを出したところで、外出着からリラックスできる部屋着に着替えたいところですが、ここでちょうどいいブスがやっちゃダメなのがものすごくかわいいパジャマを着ちゃうことです。ジ○ラート・○ケ的な。これは美人にまかせましょう（笑）。

ちょうどいいブスが着るべき部屋着は、ずばり「ダボっとした明らかに男物のサイズ感のスエット」！

これを着ることで、さりげなく男の陰をちらつかせることができます。あえて説明をせず、濁して相手に想像の余地を与えるのがいいかと思います。

どれもこれもすぐにとり入れられるものばかりではありませんでしたか？　何もしないでも勝手に男がわんさか寄ってくる美人と違い、ちょうどいいブスは男性にいろいろと仕掛けておいたり準備すべきだと思います。

ちょうどいいダイエットのススメ

最近、よく言われることがあるんです。それは……

「痩せた？」ってセリフ。

はい、痩せました！　ピーク時と比べ、約10kg痩せたんです。

どうやって痩せたかというと……、それは後ほどお話しするとして、まずは私とダイエットの歴史をご紹介していきたいと思います。

そもそも私、ずーーーっと「ちょうどいいぽっちゃり」でした。デブとまではいかないけど、一度もすっきり痩せたことがないというか。生まれたときから大きく生まれ、赤ちゃん時代の写真を見ても全部ぽにょぽにょしてるんですよね。

母はそんな私を心配して、病院の先生に相談をしていたみたいなんです。ハイハイするようになれば自然と痩せると言われたけど、ハイハイをしてもまったく痩せず、また歩けるようになれば自然と痩せると言われたけど、これまた痩せず……。母はなんとか痩せさせようと、幼児向けのスイミングスクールに通わせたり、食事を気にしたり、いろいろと努力していたようです。

しかしそんな母の気持ちを裏切るかのように、何をしてもまーったく痩せなかった私。

骨格的に、どんなに体重を落としても痩せて見えにくい損な体型っていうのもあり、思春期ごろからは常に自分でもダイエットをしていた記憶ですね。しかーし、全然痩せないというのもそのときから。

だから私の人生＝ダイエットの歴史といっても過言ではありません。いや、ちょっと大げさかな（笑）。でもあらゆるダイエット方法を試した記憶があります。

でもこういってはなんですが、別に痩せていなくても特に困らなかったというのもあって、どこか真剣みというか必死さがなかったように思うんです。

普通思春期になって好きな人ができたり彼氏ができたりすると、女の人って自然と痩せていくものっていいますよね。でも私の場合、まったく逆だったんです。それどころか恋愛すると太る、っていうのが私の定番でした。

前にもお話ししましたが、私、基本的には「私のことを大好きな人」としかつき合ったことがなかったんです。だから私が痩せようが太ろうが「そのままのケイちゃんでいいよ」と甘やかされていたので、太る一方だったんですよね。

それにどんなにイケメンだろうと、また自分がもしもどんなに痩せてたとしても「太ってる女が嫌い」と公言するような男性は大嫌いなので、そもそも「どうしても痩せたい」っていう強い動機がなかったっていうのもぽっちゃり人生を歩む原因だったように思います。

しかしそんな私が、近頃「人生最後のダイエット」と銘打ってダイエットに真剣に取り組んだんです。そして本気で頑張った結果、「ちょうどいいダイエット」の法則がようやく見えてきました。

ダイエットコーチ、降臨！

ダイエットは常にやっていたんです。ほぼ365日ダイエッターの気分ではいました。

特にここ数年のダイエットは、LINEのダイエットグループを作り、「1か月で5kg痩せる！」などと目標を立て、そこでダイエット仲間と逐一報告しあって、っていうやり方をしていたんですが、毎度失敗！　それで再び同じ仲間で集まってはまたダイエットLINEグループを作るっていうのを何度も繰り返してきました。

失敗の原因は、我慢ばかりのダイエットですぐにストレスがたまってしまったのと、ダイエット仲間の足の引っ張り合い（笑）。少し痩せてはリバウンド……。まぁよくあるパターンですよね。
しかし、今回のダイエットに限ってなぜ成功したのかというと、実は私たちのダイエットに〈コーチ〉がついたからなんです。

そのコーチの名は、後輩芸人のりんたろー。

りんたろー。は専門のトレーニング施設でダイエットをみっちりして、2か月で20kg痩せたんです。そのときにダイエットのさまざまな知識を徹底的に叩き込んだらしく、完全にダイエットマニアと化していました。そんなりんたろー。がいつものダラけた私たちのLINEグループにコーチとして緊急参戦してくれることになったんですが、このコーチ、本当にすごかった！

まずは3食すべて食べたものをLINEグループで各自報告。それに対してりんたろー。がすべて細かくチェックしてくれるんです。まさにリンザップ！
私は、「雑穀ごはんに豆腐ハンバーグ、サラダにスープ」みたいな我ながら完璧！と思える献立をダイエットの最初の食事として投稿したんですが、りんたろー。からは怒濤のダメ出し！「ケイさん、痩せるまではごはんを諦めてください」って。そのときに徹底的に〈糖質制限とはなんぞや？〉というのを叩き込まれました。

そう私、ダイエットを何度も繰り返していたわりに、知識に乏しかったことに気づかされたんです。そして私もりんたろー。の教えに従い、ダイエットの知識を増やしていくことからスタートしました。

糖質制限はルールさえ覚えてしまえばすごく単純なので取り入れやすかったし、案外我慢しなくてすむので、ストレスからヤケになって爆食、ってこともなかったんですよね。私に合っていたんだと思います。

たとえば私、お酒が大好きなんですけど、ダイエット中は普通はお酒を控えなきゃいけないですよね。でも糖質制限ならビールはＮＧですけど、蒸留酒であるハイボールなら好きなだけ飲めるんです。

こうして私の〈人生最後のダイエット〉は本格スタートしました。

３つのちょうどいいルールでちょうどいいダイエットを！

りんたろー。コーチはグループ内のすべてのダイエッターの食事管理をし、少しでも太る行動をすれば厳しく忠告しつつ、また挫折しそうになれば「絶対に大丈夫ですから」と励まし……。もちろんそれによるりんたろー。の収入はありません。仕事ではないので、私たちがお金を払っているわけじゃないんです。あくまでも善意！

だからこそ、このダイエットは成功したのではないかと私は思ったのです。

それは〈この善意を裏切るわけにはいかない〉というある種の責任感が芽生えたからです。

もしもりんたろー。にお金を払ってコーチをお願いしていたとしたら、こっちもお客さんの気持ちになり、挫折するのも簡単だったんだと思うんです。あくまでもビジネスですから、もう無理と思えば今まではお金を払っていたので気兼ねなくやめられたはず。

でも無償の奉仕の心で、ただただ私たちが痩せることだけを信じて指導してくれる人に対し、裏切るわけにはいきません。これがダイエットの成功の大きな柱だったのです。

そして2番目に、ライバルの存在です。ＬＩＮＥグループでは日々の食事、ならびに体重推移を報告しあっていました。ライバルたちがどんどん痩せていくのを見て、ちょっとした焦りと、また「だったら私も痩せるはず」という自信にもつながったんです。たまに〈糖質オフ食材のみを使ったピクニック〉などのイベントを企画してみんなで集まったりもして、ダイエットがだれないような工夫も随時していました。

また成功の秘訣の3番目に挙げられるのは、ダイエットルールの単純さもあったと思います。余計なことは考えず、ひたすら〈糖質オフ〉を徹底させました。もうダイエット中、何羽の鳥を食べつくしたのかっていうくらい、コンビニのサラダチキンを食べまくりましたね（笑）。あとロケ弁を食べることが多いんですが、ロケ弁の中のエビフライの衣をはがすと、まるで中身のエビが甘えびぐらいほっそりしている、ということも今回のダイエットで学んだことです（笑）。

以上の点からちょうどいいダイエットには3つの法則があることがわかりました。

①「この人のために痩せたい」という責任感
②励ましあい競いあえる仲間の存在
③複雑ではない単純で納得できるルール

この3つにより、私は人生で最後のダイエットをひとまず成功させることができたんです。

今後はルールをややゆるくしつつも、うまく体重管理をしていければなあと思っています。ある意味万年ダイエッターでよかったのです。ただその状態を楽しいと思えるかどうかですよね。

しかし痩せても痩せなくても、ブスはブス。いや、痩せたことでよりちょうどいいブスになったかな（笑）。そんな山﨑ケイを今後ともよろしくお願いします。

ちょうどいいブスのちょうどいいお酒の飲み方とは？

ちょうどいいブスは男性に「酔ったらいける」と思わせるのが大前提なので（笑）、〝お酒の場〟というのがとても大事なんですね。

ではここでみなさんに質問です。

男性とふたりで居酒屋に行ったとしますよね。1杯目はビールで乾杯。その後2杯目に……という流れになり、男性から「何飲む？」と聞かれたら、どう答えるのが「ちょうどいい」と思いますか？

私がおすすめする回答はこうです。

まずは男性に「何飲みます？」と聞き返すんです。そして「私もそれにしようかな」と、男性が飲むものと同じものを頼むんです。

そして向こうがワインを飲むなら、さらに使えるワザがあります。それは「じゃあボトル頼んじゃいます？」攻撃！

この「ボトル頼んじゃいます？」攻撃には主に2つのメリットがあります。

まず第一に、グラスで飲むよりも安くすむので、金銭的なメリットがあります。もしも男性が支払いをするのであれば、男性的には心の中で「安く上がってラッキー」、さらにはそんなあなたに対しても「ありがとう」という気持ちがわき上がり、「気づかいできるすてきな女性だな」と評価してくれる可能性すらあります。

たまにいるんですよ、美人で。「私、シャンパンしか飲めないの〜」とかいう女。めちゃ高くつきますよね。そういう振る舞いをちょうどいいブスは絶対にしちゃだめですよ。美人だからギリ許されるんです。

第二のメリットとして、ふたりで何かを成し遂げた達成感が味わえること！ これ、不思議な感覚なんですけど、男性とふたりで1本のボトルを空けると急に連帯感や親しみがわいてきて距離が縮まるんです。それで「次いっちゃう？」みたいなテンションになれるんですよ。

「ボトル頼んじゃいます？」攻撃は、ワイン以外のお酒だとちょっと難しいかもしれません。焼酎や日本酒を1本空けるとなると、相当な大酒飲みじゃないと無理ですし（笑）。

そうそう、別にお酒は強くなくても大丈夫ですよ。あまり飲めない子は、嗜む程度でOK。無理をせずに「ちょっとだけ同じのをいただきます」と、少し口をつけるだけでも十分だと思います。

あくまでも〝あなたと同じものを飲みたいんです〟という心意気や姿勢が重要なんです。だからさまざまな男性の嗜好についていけるよう、いろんな種類のお酒をたしなめるようになると、お酒の席での恋愛能力がグンと上がりますね。私はビール、ワイン、日本酒、焼酎ｅｔｃ．となんでも飲めるんで、なんでも飲めることを喜んでくれる男性はすごく多いですよ。

ちなみにカラテカの入江さんも同じことを言っていました。入江さんはこのテクニックを企業のお偉いさんとかと飲むときに実践しているそうです。

ミラーリング効果っていうんですよね、確か。自分と同じ仕草や行動をとる相手に、人間は無意識に好意を抱くという心理効果があるんです。ぜひ試してみてください。

まずはあらゆる種類のお酒を飲めることは武器になるということはわかりましたよね。

さらにもうひとつ最強の飲み方を伝えるならば、それは「相手と同じペースで飲み続けること」です。

同じお酒を同じペースで飲んでくれる相手と一緒にお酒を飲むというのは、お酒を飲む人ならわかってもらえると思うのですが、ものすごーく気持ちがいいし楽しいものなんです。

これができるだけでも、だいぶ居心地のよさと楽しさを提供できるはずですよ。そして必ずや「また飲みたい」と思ってもらえるはず。会話の楽しさを提供する自信がない人は、ぜひとも習得してもらいたい飲み方です。

でもあまりお酒を飲めない人はどうしたらいいのでしょう？　そんな声が聞こえてきた

のでお答えします。

それはずばり『打ち止め制限をしないこと‼』

「ウーロン茶ください」などと、打ち止め制限をしないでおくことが重要です。

相手がお酒を飲み続けている限りは、ペースが遅かろうとどんなに弱いお酒だろうと、自身もお酒を飲み続けることで「私も今、同じように楽しんでいます」とアピールできるからです。

たとえば店員さんに、「レモンハイをめっちゃうすーく作ってください♪」とかってわざと相手の男性に聞こえるように注文しましょう。すると男性に「大丈夫？　ソフトドリンクにする？」などと聞かれるかもしれません。そのときにはすかさず「○○さんと一緒に飲むの楽しいから、お酒弱いけどついていきたいんです！」とアピールしちゃいましょう。たとえ顔はかわいくなくても「かわいいな」と思わすことができるんです。

題して「お酒が飲める従順な子犬作戦」です。これぞちょうどいいブスだからこそできる作戦なので、ぜひ実行のほどを！

ちょうどいいブスのお酒の嗜み方

お店リクエスト、みなさんはどうしてますか？

何度も力説していますが、ちょうどいいブスの定義は「酔ったらいける」なんですというこことはつまり、私たちちょうどいいブスにとって、〈お酒の席〉というのは普通の人以上に大切な恋愛の戦場といえます。

そこで「ちょうどいい居酒屋講座」と題し、戦場にふさわしい居酒屋にまつわるお話をしていこうと思います。

ちょっと気になる人からお酒のお誘いを受けたとします。そのとき男性側から、「何食べたい？」と聞かれることってありますよね。そんなとき、みなさんは何と答えますか？

「お寿司！」

「焼肉！」

そんな回答をした方はいらっしゃいますか？

そんな人にはこう言いたいですね。

「あなた、女子アナですか？」と。

お寿司、焼肉クラスをおねだりしてＯＫなのは、女子ヒエラルキー的に女子アナクラスしか許されません。読モクラスでも無理です。それなのにちょうどいいブスが「お寿司」「焼肉」なんて言おうものなら、後ろから回し蹴りされても文句は言えません。

お寿司、焼肉などはもちろん論外ですが、あくまでも最初のデートですので、「牛丼屋でいいよ」などと、あまり卑屈になってしまうのもどうかと思います。
それは自分を下げるだけにとどまらず、敏感な男性は「お金もってないと思われたのかな？」と邪推させてしまうことにもつながり、せっかく誘ってくれた男性のことをも蔑む行為になってしまうからです。
ですので、あまりにも安いお店やメニューを指定するのは避けたほうがよいと思いますね。

では男性から「何食べたい？」と聞かれたとき、一体どう答えるのが〝ちょうどいい〟のでしょうか。
私なりに導き出した答えはこうです。

「お肉が食べたい！」
もしくは
「お魚が食べたい！」

これです。

昔は「焼き鳥」とか「お刺身」のように具体的なメニュー名を挙げていたときもあったんですけど、こう言うとある程度、お店のランクや好みをこちらだけで決めてしまっていたことに気づいたんです。

しかし「お肉」と大きなカテゴリー指定でリクエストすれば、男性側は自身の経済事情や好みなどと照らし合わせて精査することができるようになります。
その男性側の精査の結果が、「焼き鳥」になったり「焼肉」になったり「ローストビーフ」になるわけです。

プレゼントと同じで、まったく自由度のないリクエストもつまんないですし、かといって自由度が高すぎるリクエストも困りもの。ある程度ジャンルをしぼりつつ、こちらがリクエストしてると思わせながらも実際には相手に選択権をゆだねる、これぞ「ちょうどいいお店リクエスト」なのではないでしょうか。

ちょうどいい値段設定について考える

お店選びはできるなら相手に主導権を握らせたほうがよいのですが、実際には女性側がお店を決めなければならないことも多いですよね。

そんなとき私なら、候補のお店を2、3軒、食べログのリンク貼ってメールやLｉｎｅで提案します。食べログってめっちゃ便利ですよね（笑）。

そのときにどういう基準でセレクトするかというと、場所はふたりが出やすく帰りやすいかどうか、駅からわかりやすい道順かどうか、個室かどうか、そそられるメニューがあるかどうかなどたくさんチェックポイントがありますが、やはり最も重視しなければいけないのは値段設定だと思うんです。

相手が明らかな大富豪とかド貧乏ではない一般的な男性だった場合、私なら一人当たりの予算が４０００～５０００円のお店を選びます。食べログとかでは予算検索もできますよね。

これならごちそうになるにせよ男性にそこまで無理をさせることもないですし、割り勘の場合でも、自分でも支払える金額。

また激安居酒屋特有の学生の団体さんでうるさいということもないでしょうし、照明も蛍光灯でギラギラといった雰囲気も避けることができます。


こんな感じで全体の予算設定は重要ですが、それ以上に私が重視しているものがあります。なんといってもいちばん重要なのが〈ビールの値段〉なんです！

私なりの統計では、580円もしくは680円がベストです！　この価格設定のお店で失敗したことはほとんどありませんね。

それ以下ですと安くて助かるのですが、デートにはふさわしくない空気感となりがちなので、女友達や気心の知れた関係で利用するのがベター。

またビール1杯800円のお店とかありますけど、気をつかっておかわりしにくいです（笑）。ビールだけで予算オーバーになってしまいます。これはいつか来るかもしれないセレブとのデート用にとっておきましょう。

予算面でお店選びを考えてみましたがいかがでしたか？　結局のところ、デートというのはいかに相手のことを考えられるか、そしてふたりが平等に楽しめるかというところがポイントなんです。

また相手が敏感な人の場合、お店選びであなたが気をつかったことがすべて通じます。そして「気をつかえる女性なんだな」とアピールすることにもつながるんです。

実際のデート当日だけでなく、すでにお店選びから恋愛戦線は始まっていると心得て、ちょうどいいお店選びをするようにしましょう！

カウンターひざチェックテストとは？

〝酔ったらいける〟というのが最大の武器であるちょうどいいブスにとって、居酒屋デートというのは自分プロデュースの場でもあります。〝ちょうどいい居酒屋〟について考察をしてきていますが、今回は居酒屋でのちょうどいい座席について考えていきたいと思います。

居酒屋と一口に言っても、テーブル席、掘りごたつ席、カウンター、座敷、立ち飲みなどなど、さまざまなタイプの座席がありますよね。

相手がお店選びをしてくれるときは、どんな座席でも対応できるように脱ぎやすく履きやすい靴&見られても大丈夫な靴下やタイツなどを履いておくのが当たり前のマナー。

座敷でブーツ、しかもくっさい足をさらすような初歩的なミスは美人がやればなんとかギャップ萌えにもち込めるかもしれませんけれど、ちょうどいいブスはそこから挽回することはほぼ不可能ですから。


そんなふうに靴のことはみな用意周到に準備しますけど、意外に抜け落としがちなのは、ボトムです。

座敷でピッタピタのタイトスカートとかはいた日には、セクシーすぎたり、また体勢によってはビリリと破けてしまったりと、よからぬハプニングを生んでしまうことにもつながりかねません。収縮性のあるスカートやボトムで臨んでおけば安心ですね。


居酒屋選びでは値段設定が最重要項目のひとつではありますが、座席タイプをどうセレクトするかも、ふたりの今後を占う重要なポイントです。

私なら〈個室のテーブルタイプ〉を選ぶと思います。靴を脱ぐタイプはリラックスできるしラクちんですけど、やはり女性にとっては面倒ですし、せっかくヒールを履いてきたのなら、しっかり相手に見せられたほうがうれしいものですしね。

最近は特に高級店でなく庶民的なお店でも、個室、もしくは半個室のある居酒屋が増えていますので、せっかくなら利用したほうがお得です。

恋愛戦場は、なるべくなら人目につかないほうがいいに決まっていますから。

また男性と距離を詰めるのに最適な座席タイプは、もちろん〝カウンター〟ですが、男性から指定されてない限り、カウンターは避け、テーブルタイプを選んだほうがよいと思います。その理由は後程お話ししますね。

まずなぜテーブルタイプを選ぶのか。それは〝無難〟だからです。最初のデートにはこの無難さというのは案外大切なんです。お店選びもメニュー選びもファッションも奇をてらわず、じわじわ居心地のよさを提供するのがちょうどいいブスの基本戦略ですから。

そしてカウンターを避けたほうがいいというお話をしましたがカウンターがダメなわけではありません。

1軒目は避けるべきだと思うんですが、2軒目にはカウンターを選んでください。

それは「男性の好意があるかないかをチェックできるから」。

男性からいつでもウエルカム状態の美人のみなさんはピンと来ないでしょうが、ちょうどいいブスのみなさんならわかりますよね。

ふたりで飲みに行ったとしても、それが友情からなのか同情からなのか単に暇だったからなのか、はたまたちょっとは女として見ているのか、もしくはカラダだけの扱いなのか、判断がつきかねるんです。

そんなときに使えるのが、〝カウンターひざチェックテスト〟です。

方法は簡単。

2軒目でカウンターのお店に行き、ほろ酔いの中、偶然を装ってなんてことない空気を出しつつ相手の男性の脚に自分の脚を軽～く当てるんです。

そのときの男性の反応で、いろんなことがわかります。

すぐに離して距離をとってくれば女として興味なし。こちらもそのつもりで勘違いしないようにすべし！です。

また逆に向こうからもっと体をくっつけてきたり、エロモード全開でくるようなら、カラダのみ目当てなので、これまた注意が必要。

相手がそのままの距離を保って脚を離さず、かといってグイグイ来ることもないリアクションだったら、〝イケます〟！

こんなふうにカウンターでのテストを通じ、次の段階に進めるかどうか確認するのもちょうどいいブスには欠かせないステップです。

ちょうどいい自己紹介とは？

みなさんは合コンでどんなふうに自己紹介しますか？　私はなんと、数年前まではありえない自己紹介をしていたんです。

実は、実はですね……。かつて私は自分のことを「ケイ」って呼んでいたんです。

ええ、ええ、今ならわかりますよ。これがいかに許されないことだったかが。

言い訳させていただくと、この当時私は自分自身が「ちょうどいいブス」だなんて思ってもいなかったですし、中1のクラスメイトと中高6年間つるんでいたので、自分の名前呼びがいかに痛いことだったかを知らないまま成長してしまったんです。

大学に入り、自分を名前で呼ぶことがいかにイカレタことかがわかったことで、私は必要以上に自分の名前を呼ぶことに対し、過剰に意識を向けるようになってしまったんです。

合コンに参加して自己紹介をする場面でも、「山﨑です」と名字のみを名乗っていました。

まるで面接ですよね。相手に好かれようとか雰囲気を盛り上げようというのはおいといて、とにかく痛い女にならないよう意識しすぎていたんですよ。

でも今思うとこれはやりすぎでした。逆に男性にやられたら、ガードが固すぎて近づけないですし、距離を感じますよね。

ではいったいどう名乗ればいいのでしょうか。

これはサラリと「山﨑ケイです」とフルネームがベターなんだと思うんです。何も爪痕を残そうとせず、奇をてらわずあっさりと。

ちょっとでも「こいつブスのくせに……」と思わせた瞬間、ちょうどいいブス的には試合終了なんです。

ですのでここは加点を狙わず、減点法で考え無難に無難にいくのが正解です。

普通の人はもちろんサラリとできることなのでしょうが、ちょっとでもこじらせた人って、案外こんな簡単なことでも頭を悩ますんですよね。これこそちょうどいいブスたる所以なんだと思うんですが。

第6章

“ちょうどいい”恋愛テクニック

好きな男性のタイプのちょうどいい答え方はこれ！

もしもみなさんが男性に「芸能人で誰がタイプ？」と聞かれたら何と答えますか？　そんな質問に対しての「ちょうどいい答え方」について考えていこうと思っています。

この質問は人と人が出会うとよく交わされますよね。この質問にはさまざまな回答パターンがあると思うんですけど、絶対ダメなＮＧ回答っていうのがあるんです。

それは「絶対になれない人を言うこと」です。

たとえば玉木宏さんとか福士蒼汰君とかジャニーズの誰々とか、そういう回答は男性がいちばん敬遠するんです。

男女逆で考えればわかりますよね。

ちょっと気に入ってる男子に「芸能人で誰が好き？」と聞いて、「広瀬すず！」とか

「桐谷美玲！」などと真っ先に答えられたら一気に冷めるというか、げんなりしちゃいませんか？　私じゃ無理だろって。諦めろってメッセージかよって。

だからあまりに高みにいる人たちを好みのタイプだと公言することは「ちょうどよくありません」ましてやちょうどいいブスがそんな回答しようものなら、「ブスのくせに何様だ」と言われかねないので注意が必要なんです。

かといって、温水さんが好き、上島竜平さんがタイプ、みたいな方向性も本当に好きならいいですけど、狙いだとしたらダメでしょうね。

同じような例で、よくグラビアアイドルの女の子が「上は何歳までOK？」と聞かれ、「60までOK」とかものすごいおじさんの年齢を守備範囲だという子、たまにいますよね。

その光景を見るたび、「あぁおじさん受けのいい回答しろって事務所に指示されてるのかな？」っていぶかしく思っちゃうんですけど、それと同じですよね。うさんくさいし、狙いすぎなのがバレると感じ悪いんです。

あとはよくある回答パターンとして、人気のお笑い芸人を挙げるのはまぁいい手かなとは思うんですけど、でもそれはそれで「あそこまで面白くしゃべれないとダメなのかな」とハードルを上げてしまう恐れもあります。

じゃあ一体何と答えるのがちょうどいい？

そんなふうに試行錯誤して考えるうち、私的にこれ以上ない回答に行きついたんです。その答えとは……。

大泉洋さん！

決してイケメンキャラではないけど、見た目は悪くない。一般人にいたとしたらわりかしイイ男に括られるあのちょうどいいビジュアル。さらには明るくて面白くて優しいイメージもあって、男性からも女性からも好感度は抜群！　一般の男性でも「ひょっとしたら俺でも大泉洋になれるかも？」と目指せるようなあの感じ。うーん、本当ちょうどいい（笑）！

あくまでも魅力的であるのは大前提ですけど、ハードルが高すぎないうえに、内面の魅力もきちんと伝わってくるような人を言うのがいちばんいいと思うんです。

私が考えた中でベスト回答は大泉洋さんだと思ったんですけど、みなさんはいかがでしょうか？

もしも「この人はどう？」という方がいる場合は、ぜひ教えてくださいね。

ちょうどいい純真アピールのススメ

〝さりげなく自分が純真な女であることをアピールする方法〟という、非常に難易度高めのテーマを考えてみたいと思います。

男性はよく合コンなどで知り合った女性に対し、「合コンってよく行くの？」という質問を投げかけてきますよね。

そもそもなぜ男性はこのような質問を女性に投げかけるのでしょうか。

それは「なんだかんだで付き合うならマジメで身持ちの固い女性がいい」という考えがベースにあるんです。

そこで女性に「純真かどうかをうかがうような質問」を投げ込んでくるんです。

〝純真かどうかリサーチ会話〟にはいろいろなパターンがありますが、「今まで何人彼氏いた?」という質問はその代表例ですね。

ある程度大人になってからのこの質問は、彼氏の人数=エッチ経験人数を暗に指していますので、ここでどう答えるかは難しいところです。

これに対するちょうどいい返しですが、ひと昔前の恋愛マニュアル本なんかでは「3人」と答えるのがいい、なんて載っていたりしたもんですが、多かろうと少なかろうと具体的な人数を言うのは避けたほうがいいと私は思うんです。

まずウソをつくことは今後の関係を考えてやめたほうがいいですし、かといって正直に答えるのもどうかなって。

たとえその人数が少なかったとしても、男性に具体的な想像をさせてしまうわけじゃないですか。

私ならこう答えますね。

「うーん、みんなよりたぶん少ないから恥ずかしくて言えない」と。

この回答の意図・効果は大きく3つあります。

1：経験人数が少ないという経験上での純真アピールができる

2：人数が少ないことが恥ずかしいと思うようなマインド面でも純朴な女であることをアピールできる

3：経験は少ないけど処女ではないという微妙な経験値で男性を翻弄できる

この1、2、3をバランスよくアピールできるので、この回答はおすすめですね。

特に自身のブス度が高めと認識していて、さらにはある程度の年齢がいっている女性は、3のアピールが重要です。

「ブスだからやっぱり処女かよ」って思われちゃうんじゃないかっていうのを気にしている女性は多いんです、案外。

男性は本当に好きになった女性が処女であればうれしいと思うかもしれないですけど、そうでもない場合、ましてやブスだったりすると処女は利点ではなくマイナスに映ってしまいがちですから。

「どのくらい彼氏いないの?」は恋愛においてとても重要な質問

男性から女性に投げかけられる「純真かどうかをうかがうような質問」はいくつかありますが、最も答え方に気をつけなければいけないのが「どのくらい彼氏いないの?」という質問です。

この質問の答え方で注意しなければいけないポイントは以下の2点です。

1：あまりにもモテない感を出すこと

2：あまりにもビッチ感を出すこと

そう、過度なモテるアピール、またはモテないアピールは男性を引かせてしまうだけ。ここでも「ちょうどよさ」が求められるわけですね。

まず〈1：あまりにもモテない感を出すこと〉について考えてみましょう。

もしも本当に10年彼氏がいなかったとしても、「10年いない」とバカ正直に答えるのは厳禁です。これは純真アピールどころか恐怖アピールになってしまいますから。かといってウソをつくといつかボロが出てしまいますので、「しばらくいないから忘れちゃった」などとあいまいにごすのがいいと思いますね。

芸人仲間の間ではこれ系を発展させたもっと露骨な質問をされることがあるんですよ。たとえば「最後にエッチしたのはいつ？」とか。

そんなとき、以前は正直に「1年前です」とかって答えてたんですけど、意外とこういう回答ってそこで会話がストップしてしまって、その後が盛り上がらないことに気づいたんです。

そこで私が考えた回答がこうでした。

「○○さん、今日で更新しちゃいます？」

これは回答を巧みにかわしつつも、男性をちょっとドキッとさせ、なおかつ笑いにもつながる回答だと思いませんか？

このように実際に彼氏がいなかったとしても、ちょいエロさをプラスしてかわす術を身につけておくといいと思いますね。

次に〈2：あまりにもビッチ感を出すこと〉についてです。

もしもおとといまで彼氏がいたり、また昨日エッチしていたとしても、それを正直に言うと「こいつは尻軽だ」という印象をもたれてしまいかねません。

ここでも過度なビッチ感を隠しつつも相手にドキッとさせ、なおかつユーモアを感じさせる回答があるんです。それは……。

それは「うーん、ちゃんとした彼氏はしばらくいないかなぁ」。

これによって、ある程度モテることのアピールにもなりますし、また「ちゃんとしてない彼氏ってなんなんだろう」とエッチな妄想をさせることができますし、さらには具体的な日数を言わないことでリアルなビッチ感を隠ぺいすることもできるんです。

いずれにせよ、男性からの質問には〝ちょうどいい〟回答パターンがあります。それらを駆使し、自己プロデュースを上手にしていくことが、ちょうどいいブスの恋愛戦略といえます。

ちょうどいいブスが狙うべき男とは？

ちょうどいいブスが恋愛戦略的に誤りがちなのが、ターゲット選びです。

「私、美人じゃないからイケメンは無理だし遠慮しておこう」と思いがちですよね。

これ、実は間違いなんです。むしろどちらかというと、モテてこなかった男性を落とすほうが難しいんですよ。

それはなぜかというと、男女問わず、人生でモテてこなかった人のほうがシンプルに美男美女を愛する傾向にあるんです。童貞・処女のほうが、美しいものを求めるというか。

美人と付き合った経験がないので、美人へのあこがれが強いんです。女慣れしていない分、女性と接する機会も少ないじゃないですか。せっかくのその少ない機会にあえてブスに目を配る余裕はないんですよ。

とにかくキレイな人と話したい、スタイルのいい人じゃなきゃイヤだとか、そうなっちゃって中身になかなか到達してもらえないんです。

非常にやりにくい相手ですね（笑）。ちょうどいいブスの魅力は、童貞にはまだ早いというか（笑）。どちらかというと経験豊富な人のほうが、魅力に気づいてもらえます。

意外とイケメンでそれなりに恋愛経験が豊富な人のほうが、面白がって食いついてくれますね。

「なんか話してて楽しいよね」とか、「一緒に飲みたくなるよ」とか、「友達にひとりはほしいよね」みたいなところから興味をもってくれることが多いですね。いきなり恋愛モードとかじゃなく。

でもこのフックこそ、ちょうどいいブスの魅力のひとつですから、きっかけとして大事にしましょう。まずは男性に面白がってもらえる存在になるのが肝心です。

試しにちょっとした下ネタを言ったとき、どぎまぎしたり引いたりする男性じゃなく、面白がって笑ってくれる男性のほうがちょうどいいブス的には落としやすい相手と言えます。それが必然的に、女慣れしているモテる男性に多い傾向があると思うんです。モテる男性は、女に対する間口が広いんですよ。

もちろん即恋愛関係という視点ではないですけど、女が周りにたくさんいる分、オーソドックスな美人だけでなく、ある種変わったものへの興味も出てくるというか（笑）。

「私、ちょうどいいブスなんだ」と言ったときのユーモアというか意味合いを理解してくれる人は、今までの経験上、モテる男性が多かったですね。美人の価値をある程度わかったうえでないと、ちょうどいいブスを味見してみようって思わないんです。まずは面白い言動で惹きつけましょう。「ほどよい自虐、ユーモアのある下ネタ、エッジの効いた悪口」を駆使するのがいいですね。

さらにモテる男性は「つまんない美人を知っている」んです。これは大きいですよ。容姿の魅力での勝負は捨てましょう。一部を除き、モテる男性はさほど容姿を重要と考えていません。

つまらない美人と一緒にいるくらいなら、一緒にいて楽しい「ちょうどいいブス」のほうが魅力的だと考えてくれることも多いので、あえての「イケメン狙い」を私はおすすめしたいですね。

ちょうどいいブスは「雰囲気美人」になれる⁉

ちょうどいいブスがすぐにできる〝雰囲気美人〟になるためのテクニックをご紹介しますね。

世の中ブスなのに、なぜか美人のオーラがある人っていますよね。あれは一体なんなんだろうとずっと思っていたんです。

ひょっとしたらブスでもそのテクニックがわかれば美女オーラが手に入るのかなと思うんです。

それで考えるうち、答えが見つかりました。それはやはりなんといっても〝髪の毛〟！

女芸人の横澤なっちゃんっていますよね（横澤夏子さん）。顔面はあれですけど（笑）、なんか不思議といい女の雰囲気があると思いません？

それはやはり髪の毛なんです。なっちゃんはかなり髪の毛が長くボリューミーじゃないですか。あれがいい女の雰囲気を出してくれてると思うんですよね。

髪っていちばんわかりやすく男性と違う部分なんで、色気を出したいなら髪をのばすといいと思います。髪が長ければいろんなことができるんですよ。結んだりほどいたり横にまとめたり。

たまーに人から「今日色気あるよね」とかいわれる日があるんですけど、そういう日って決まっていつもより強めに巻いてたりするんです。

男の人って顔面のよしあしに辿り着く前に、まずは髪の毛で惑わされることあると思うんです。だからこの性質はうまく利用しないと損だと思いますね。

昔、私と私よりかわいい女友達とふたりでいたときに、その場にいた男性に、試しに「私と友達どっちがいい?」って聞いてみたんですよ。そしたら驚いたことに私がいいって言ったんです。

顔面では負けてるはずなのになんでだろうと思い理由を聞いてみたら「茶髪だから」っ

て。茶髪だからいけそうって思われたみたいなんです（笑）。そういう考え方もあるんだなと。

いわゆる軽い女だと思われたってことではあるんですけど、声をかけてもらう最初のきっかけとしてはいいじゃないですか。そこからいろいろ駆使して調整すれば恋愛に発展したりもしますしね。

要はそれぐらい男性にとって髪は大事なものだと思うんです。顔は変えられないですけど、髪型だったらなんとかなるじゃないですか。

だからショートカットの女性はすごいと思います。私は自信なくて無理なんですよ。もろバレじゃないですか、顔面が。

キレイな人ならより映えると思いますけど、ちょうどいいブスにとっては無理ゲーなんですよね。

ちょっと邪推かもしれないですけど、ものすごい美人がたまにめっちゃベリーショートだったりするじゃないですか。あれって雰囲気美人への挑戦状なんじゃないかとすら思っちゃいます（笑）。

それぐらい戦える本格美人以外は、髪の毛をふわふわさせといたほうが正解だと思いますね。はい。

相槌美人のススメ

ちょうどいいブスの生態やちょうどいいブスが使える恋愛テクニックなどをご紹介していますが、合わせて私、山﨑ケイが無意識に使っていた人を惹きつけるテクニックをご紹介したいと思います。

よく打ち上げやら合コンやらしている席で私はあることにふと気づいたんです。「あれ、こんなにたくさん人がいるのに、なんでみんな私のことを見て話すんだろう」って。そうなんです。大勢の人が集まる場で飲んだりするとき、決まってしゃべる人はなぜか私に向かって会話をすることがあまりにも多いことに気づいたんですよ。

私が美人だったりしたら「好かれる」とか「無意識に見ちゃう」とか、そういう理由ならすごくわかりやすいですよね。

でもね、人に言われるまでもなく、私美人じゃないわけなんですよ。そう、ちょうどいいブスなんですから（笑）。

それで自分なりに分析してみたんです。人にリサーチしてみたり、自分自身の姿をよく思い返したり……。それであることに気づいたんです。どうやら私、○○美人なのかもって。

そう、私はどうやら「相槌美人」なのかもしれないって思ったんです。

これはリサーチした結果わかったことですが、私は人の話を聞いているとき、こんな相槌をしているらしいんです。

その分析結果がこちら。相槌美人になるべく3つの相槌の掟をご紹介しますね。

①声を出してうなづく

人の会話の最中にうなづきながら、「へぇ～」とか「それで？」とか、同意したり共感したり、また会話の先をうながすような短い言葉を相槌と共に発しています。

②相手の話の速度に合わせた相槌を打っている

相手の話はあくまでもきりがいいところまでしっかり聞き、話をさえぎったりすることは決してありません。相手の会話のペースに合った相槌スピードも大切ですね。

③相槌と一緒によく笑う

相槌だけだと相手が「本当に聞いてる？」と不安に感じることも。そんなときに「笑い」があることで、相手に安心感を与えつつ、会話自体も楽しい雰囲気にすることができます。

以上3つのポイントをご紹介しましたが、これは私が無意識にやっていたことなので、これを意識的にやるのはひょっとしたら難しいのかもしれません。

でもこれをやると大勢でいる場でもロックオンしてもらえるので、恋愛だけでなく人間関係を築くうえでも大切な第一歩となると思います。ぜひとも試してみてほしいですね。

ちょうどいいボディタッチのススメ

「ちょうどいいブスがやってはダメなボディタッチ、やってOKなボディタッチ」について論じていきたいと思います。

恋愛テクニックの王道としてもはや語るべきことは尽きた感のある「ボディタッチ」ですが、その効果は絶大ですよね。

しかし私自身はその効果を知りつつも、自分ではベタなボディタッチを使って男性の気を引こうと思ったことはないんです。なんか「安っぽい」気がしてしまって。

男性のひざに手を置いたり、顔をポンポン突っついたり、そういう見え見えなボディタッチテクニックで男をモノにしようとしている女性の姿ってなんだか必死でみじめに見えちゃうし、そういうベタなテクニックに引っ掛かってデレデレしてる男の人も、なんだか情けなく見えちゃうじゃないですか。

そういう恋愛HOW TO本に書かれているようなボディタッチはあくまで美人がやったら有効なのであって、私のような「ちょうどいいブス」はそんな手は使いません。

かといって、ボディタッチが有効な手段であることは重々承知ですので、私も実はこっそり使うことがあります。

それはこんな3つのシチュエーションです。

1：立ち上がるときの支えとして肩を触る

座敷などでトイレに立つ際、隣にいる男性の肩に手をかけ、それを支えにして立ち上がるこのテクニックは、ボディタッチに抵抗のある初心者でもすぐにマネできる方法ではないでしょうか。

2：男性についているゴミをとる

男性のゆるんだネクタイを結び直してあげるという王道ボディタッチがありますが、これは男性をかなりドキドキさせる効果があるものの、明らかに「狙ってる感」があるし、周りから見たら「何ブスが色仕掛けしてるんだ？」ってことになってしまいます。

なので私は、男性の洋服や顔についているゴミを見つけたらとってあげる、という手を使いますね。

これなら親切の一環ですしね（笑）。もちろんゴミがついてないのについてるふりをするでもOKですよ。

3：偶然当たった脚をあえて外さない

飲み会などの席で、偶然相手の脚が当たってしまうことってありますよね。そんなとき、普通は慌ててその脚を外したりしてしまいがちですが、あえて「そのままでいる」ことは、ものすごく上級なボディタッチテクニックになりえます。

自分からはいかず、受け身でありながらも、くっつけたままを受け入れるということは、なんだかエロくないですか？

当然意識は脚に集中しちゃいますけど、それをあえてどこ吹く風で気にしてないふりをすると、余計に男性は「これはイヤがっている？　それとも喜んでいる？　まさか本当に気づいていないだけ？」などとドキドキさせることができるんです。

以上、ボディタッチが苦手な人でもできる、上質なボディタッチテクニックをご紹介しましたがいかがでしたか？　「これなら私でもできそう」と思った人も多いのでは？

結局ちょうどいいブスの戦略って、会話の中のちょっとしたユーモアでしかないんですよ。こっちのそんなちょっとしたユーモアを面白いと思ってくれて初めて成立するんで、それを真っ向からつぶす方向で来る相手には通用しないし、そもそも苦手なんで通用させようとも思わなくなっちゃうんです。

そして落とすことが最終目的というより、そのやりとりそのものを楽しんでいるっていうのも大きいですね。

なのでその過程を楽しめない男性というのは、私にとっては価値がないんです。

ちょうどいいブスを理解してそれを楽しんでくれる男性っていうのは、総じて魅力的な男性が多いですよ。

ちょうどいいブスは浮気されない!?

恋愛をするうえで避けて通れない問題、「男の浮気」について考えたいと思います。

といいつつも、私は浮気されたことがありません。

つまり美人だから浮気されないとかブスだから浮気されるってことは一概には言えないってことなんですよね。

というわけで、男の浮気心をいかに封じるかということについてまずは一般的観点から考えてみたいと思います。

男性に「彼女や奥さんに何を言われたら浮気心がなくなる?」って聞いてみると、いろんな答えが返ってきます。

代表的なのは「浮気はしてもいいけどバレないようにして」というのがあります。また

「浮気してもいいけど、そのときは私もするね」というのもありますね。

どちらも「絶対に浮気しないで」とがっちり束縛するわけじゃないんですよね。あえて泳がすというか。でもそのほうが男性にとっては抑止力になるのだとか。

それでも彼氏の浮気心の芽が出てきた時どうするか、というのを次に考えてみたいと思います。

たとえば友達経由などで、彼氏が自分に内緒で合コンに参加しようとしているのが発覚したとしますよね。そのときあなたならどうしますか？

まだ浮気していないわけですから、ブチ切れることもできません。かといって知らないふりしてそのまま合コンに参加させちゃうのも絶対に悔しい！（笑）

何かしら知ってるぞと匂わせて水を差すようなことがしたいですよね（笑）。

私なら「今度、合コンに誘われてるんだけど行っても平気？」とかで探ってみます。相手と同じ程度の浮気心を真正面から提示するというか。

それでもし相手が「そんなの行くなよ」とかって反対してきたら、「自分は行くのに？」とかって笑いながらチクッと刺すのはどうでしょう。

切れたり本気で詰め寄ったりするんじゃなく、笑いながらさりげなく詰める感じがいいと思います。

こちらが合コンに行くといっても止めずに、行っておいでよ、というタイプの男性もいると思います。そんなときは行っちゃうのもありですね。それが何かしらの腹いせになったり、心の余裕になったりすることもあると思うので。

ただしこのときも、相手に何かしら爪痕を残しておきたいものです。私なら、「合コンに行くときは、私は正直に言うタイプだから」ってまっすぐに彼を見つめながら言ってチクッと刺します。

そうすると男は不安になるんですよ。

「あれ？　俺が合コンに内緒で行こうとしてるの、もしかして知ってる？」って。決して確信はもたせないようにして、じんわり不安な気持ちにさせるのがカギですね。それに同じことをされたらどう思うか、彼が知るきっかけにもなりますし、これで何か気づいてくれて行動が改まったらラッキーじゃないですか。

なんにせよ、「合コン行くんじゃねーよ」みたいに感情的になったらダメなんですよね。まぁ若いうちはそうもいかないのもわかるんですけど、ここはぐっとこらえてほしいですね。恋愛は興奮して感情的になったほうが負けですから。

ガチじゃない、ちょうどいいやきもちのススメ

恋愛って結局嫉妬とどう付き合っていくかじゃないですか。めっちゃ重要なことです。

何度もお話ししている通り（笑）、私は今まで一度も浮気されたことがないんですよ。これってちょうどいいブスなのに快挙じゃないですか？（笑）　だって美人なのに浮気されまくってる女、わんさかいますよ。

私が思うに、「男に浮気させない能力」というのが実はあるのだと思うんです。私はひょっとしたらこの能力が高いのではないかということに気づきました。

反対に「男に浮気させる能力」の高い女もいます。

分析すると、この「男に浮気させない能力」と「男に浮気させる能力」の違いは、前者は男性を信じ、後者は男性を疑っている、というのが根本にあるのではないかと思うのです。

ではこの「男に浮気させない能力」はどうやったら高めることができるのでしょうか。

それは「浮気されなかった」「疑うことなく愛された」というある種の勝利体験の積み重ねによって、どんどん男性を信頼する気持ちが芽生え、やがて心から信じられるようになっていくのだと思います。

そのためには浮気しそうな男には最初から近寄らず、浮気しなそうで信頼できそうな男性を彼氏にすることが大切です。

そして男性を信じる能力を高め、それに伴い「男に浮気させない能力」を身につけたあとなら、いかにも浮気しそうな男性と付き合っても、浮気をストップさせることも可能かもしれません。

浮気されたことはないですし、彼氏になった人はすごく好きになってくれるし、彼氏のことを信用するので、私はあまりやきもちを焼くことはないんです。

でもね、ちょうどいいやきもちって気持ちよくないですか？

だから本気のやきもちは焼きませんけど、「ちょうどいいやきもちプレイ」はたまにするんですよ。


たとえば彼氏が仕事先の女性と食事に行くという報告を受けるとするじゃないですか。ほろ酔いで帰宅した彼に向って「今日はいい感じになっちゃったんじゃないの？」とか「向こうはあなたのこと好きなんじゃないの？」とか、やきもちを堂々と焼いてみるんです。心の中では浮気なんてしてないのはわかっているんですよ。でもお互い不思議と盛り上がるんですよ。

これって絶対に浮気してないからという安心感がある中でのやきもちだから気持ちいいんです。これが本気で疑っているのだとしたら苦しいだけですからね。

カップルの人はぜひともこの「ちょうどいいやきもちプレイ」を楽しんでみてほしいですね。くれぐれもやきもちの焼きすぎで彼氏をげんなりさせないように注意しましょう。

このサジ加減が成功してこそ、ちょうどいいブスだと私は思いますよ。

恋愛を楽しむためのちょうどいい告白とは？

男性をちょうどよく誘惑し、楽しむためのセリフってありますよね。たとえば俗にいう〝相談女〟は、「あーあ、○○君の彼女だったら楽しいんだろうなあ」と誘惑し、人間関係をめちゃめちゃにし、同性から嫌われます。

これは当然ちょうどいいブス道に反した行動！

そこで私だったらどんなセリフで男性を誘惑するだろうかと考えてみたんです。

私が考えたちょうどいい誘惑セリフはこれ。

「あのとき実は好きだったんだ」

このセリフのどんなところが「ちょうどいい」のか、3つのポイントで解説したいと思います。

①振られない&恥をかかないですむ

告白なのに告白じゃない、このちょうどいい感じ、わかりますか？

かつて片思いしていた相手とある程度時間が経ち、自分にも彼氏ができたりしたときにふとこんなセリフを吐けば、かなり刺激が味わえるはずです。しかも「好き」と伝えつつも、絶対に振られないセリフなんですよ、これって。

だから振られて恥をかいたり、また傷つくこともありません。だけどお互いドキッとした感覚を味わえる、まさにちょうどいい言葉なんです。

②大人のときめきを楽しめる

「あのとき実は好きだったんだよ」と告白をし、ちょっと間をおきつつの「気づいてた？」。このコンボは最強です。

このセリフを言っている女性はその男性のことを好きだったのでときめくのはもちろんですが、実は男性側もときめくんですよ。

というのも男性側がたとえその女性に興味がなかったとしても、要は今何かしらの関係を求められているわけでないので、ただただ単純に〝誰かに好きだと思われていた〟という状況を素直に楽しむことができるんです。

③迷惑をかけずに誘惑できる

このセリフ、好きという気持ちを伝えるには伝えますが、別にその人との関係性を進めるためのセリフではないところがポイントです。

あくまでも「恋愛ならではのふわふわした空気感を楽しむ」のが目的。だから「俺も好きだよ」なんてセリフを期待しているわけじゃないんです。ちょっとドキドキしたりさせたりしつつ、ふざけ合うというかじゃれ合うのが楽しいじゃないですか。

この点で、もしも男性に奥様がいたとしても、また自分に彼氏がいたとしても、一線を越えずギリギリの〈恋愛風〉を楽しめると思うんですよ。

そういった意味ではちょうどいいブスだからこそ楽しめる方法でもあります。だって美人だと、男性をその気にさせちゃって実際に恋愛に発展して面倒くさい展開になりそうですよね。このふわふわ感が楽しめるのは、ちょうどいいブスだけ！

あー、やっぱり美人じゃなくってよかったー（笑）。

COLUMN 03

「ちょうどいいコンビ愛♥」

相席スタート 山﨑ケイ×山添 寛 スペシャル対談

山添：こんにちはー。山添寛です。
ケイ：えっとえっと、相方です（笑）。
ケイ：「ちょうどいいブスのすすめ」は読んでくれてる？
山添：はい、たまに。
ケイ：たまになのね（笑）。
山添：いやいやいやいや、読むときはちゃんと読んでますって。この連載のイラストも好きなんですよ。的確にケイさんの悪意が表現されているっていうか。

ケイ：私もこのイラスト大好きです。せっかくなんで山添もイラスト化してもらいましょうか。

山添：こんなですか？（笑）　似てますか？（笑）

ケイ：山添のうさんくさい部分がよく出てると思います（笑）。

山添さんお墨つきのちょうどいいブス恋愛テクニックとは？

ケイ：印象に残ったちょうどいいブスの恋愛テクニックってあった？

山添：あれです、居酒屋でひざチェックテスト！

ケイ：この鈍感な山添にも効くテクニックだ

としたら、かなり高レベルってことだね。

山添：いやー、あれはヤバいですよ。効かない男はいないんじゃないですか？　この記事にある通り、相手の女性に対する気持ちで男の行動パターンが分かれるところとか相当リアルですもん。すごくずる賢くてしかも下品じゃないところがさすが！

ケイ：めっちゃ褒められた（笑）。

山添：褒めたつもりはなかったけどそういうことでいいです（笑）。にしても最近ケイさん、本当ちょうどいいブスになってきましたよね。

ケイ：どういうこと？

山添：いやぁ、ちょっと前までかなり太ってきてて、「どこがちょうどいいんだ？」ってひそかに思ってましたから（笑）。

ケイ：マジでむかつくー。呼ぶんじゃなかった（笑）。

山添さんにもちょうどいいキャッチフレーズを！

山添：でも僕もケイさんみたいにちょうどいいキャッチフレーズがほしいなぁ。

ケイ：何がいいだろう。

山添：ちょうどいい……イケメン？　ではないですね、ごめんなさい（笑）。

ケイ：山添は背も高くてシュッとはしてるけど、決してイケメンではないんだよね（笑）。

山添：あはは、認めます。

ケイ：イケメンではなく、どちらかというと昔ながらのハンサム！

山添：昔ながらでもうれしいです（笑）。

ケイ：そうだね……ちょうどいいハンサム。いや、ちょうどよくはないか。うーん、〝手ごろなハンサム〟！　これだね！（笑）

山添：あ、なんかしっくりくるしうれしいですわ！

ケイ：でも、手ごろなハンサムとちょうどいいブスのコンビってどうなの？（笑）

山添：いや、いいコンビじゃないですか。

ケイ：確かに私、イケメンは苦手なんで、山添ぐらいのほうが緊張しないですんでちょうどいいかもね。

山添：ケイさん、イケメンだと壁作っちゃいますもんね。やっぱ相方は僕ぐらいがちょうどいいんですよ。

初対面の印象はお互い最悪だった!?

ケイ：でもコンビを組むことになった最初は本当に嫌だったなぁ（笑）。

山添：それはこっちもですよ（笑）。
ケイ：ものすっごい苦手だったよ、山添のこと。
山添：重々承知してました（笑）。
ケイ：もともとお互い違う相方とコンビ組んでたんだもんね。
山添：僕はケイさんの元相方とのほうが仲がよかったですもん。
ケイ：私もそうだった！

お約束の質問、「ふたりは付き合ってるの？」へのちょうどいいアンサーとは？

ケイ：でも男女コンビっていうと必ず言われることがあるよね。
山添：「ふたりは付き合ってるの？」とか、「カップルコンビなの？」とかそういうやつですね。
ケイ：あまりに聞かれすぎるんで正直面倒くさいんですけど、「しつこく狙われてはいるんですけどねぇ」的には返してますけど。
山添：ケイさんのほうじゃないですか。たまに女見せてきてるでしょ、僕に。
ケイ：いやいやいや、そういうのもういいから（笑）。そもそも私、山添のこと大っ嫌いだったんですよ。

山添：僕も最初はそうでした（笑）。

ケイ：私たちがそもそもコンビを組んだのって、ある意味お見合い結婚みたいだったんだよね。愛はないけど安定をとった的な（笑）。

山添：ケイさんも僕もちょうど前のコンビを解散したばかりで、そんなときに知り合いの作家さんが「このふたりは絶対にコンビを組むべき！　売れてるのが100％見える！」ってコンビ結成をすすめてくれたんです。まぁ相方いないと漫才できないんで、無理やり組んだんですよね。

ケイ：仲間がだまし討ちで飲み会に山添呼んで、無理やりカップル成立的な（笑）。

山添：その作家さんは僕たちにとって仲人みたいなもんですかね。

ケイ：でもこの作家さん、「見える！」ってコンビ結成させることがたびたびあるんですけど、全員売れてないっていう（笑）。だから人としては尊敬してますけど、仲人としての実績はないんですよ（笑）。

愛はなくても丁寧に育んでここまできた!?

山添：結成してしばらくたっても、なかなかネタ作りませんでしたね。

ケイ：そうそう、毎日ベローチェに集っては、ずっとお互いのこと聞き取り調査してましたね。

山添：趣味がどうとか、兄妹構成がどうとか、どんな学生時代を送ってきたかとか、本当お見合いみたいでしたもんね（笑）。

ケイ：だって山添のこと何にも知らなかったし。そうじゃないとどんなコンビにしようかってプランすら見えてこないから仕方なく（笑）。

山添：でも世の中のお見合いカップルもこんな感じかもしれませんよね。そこから育む努力ができるかどうかが重要ってことなんですよ。

ケイ：実際結構時間かかったもんね、しっくりくるまで。ひょっとしたら山添は今でもしっくりいってないかもしれないけど（笑）。

山添さんのブス専？ 疑惑について

山添：いえいえ、ケイさんとコンビ組めてよかったですよ。

ケイ：私も山添といると、山添が背が高い分小柄な女アピールできるしよかったよ。

山添：そこですか（笑）。

ケイ：最初は怖くてうさんくさいやつだと思ったけど、接しているうちに鈍感ないいやつってのもわかったしね。山添って美人とかブスとか分け隔てないのよ。

山添：僕はひょっとしたらブスのほうが好きかもしれないですね。
ケイ：山添の恋愛ちょこちょこ知ってるけど、ブス専じゃないじゃん（笑）。
山添：いや、恋愛においてはやっぱり容姿が整った子に目が行っちゃうかもしれないですけど、一緒に飲んだり遊んだりして楽しいのは絶対ブスなんですよ！
ケイ：というか、おそらく〈自分の容姿にコンプレックスを抱いている女性〉特有の面白さがあるんだよね。たぶん。
山添：それです。自分の容姿に自信のある人は苦手ですね。
ケイ：それは私も一緒！　山添と私って何もかも違うんだけど、そこの価値観は一致してるよね。そんなわけでこれからもよろしく～！
山添：無理やりまとめましたね（笑）。僕も楽しみにしているんで、またケイさんならではのテクニックを披露してくださいね。

装丁：清水洋子
構成：吉田奈美
イラスト：大坪ゆり
撮影：永谷友也(will creative)
スタイリスト：永田彩子
ヘア&メイク：羽佐間悠子(f-me)
DTP：川名美絵子(主婦の友社)
編集：加藤文隆(主婦の友社)
協力：よしもとクリエイティブ・エージェンシー、
Tokyo Cawaii Media

ちょうどいいブスのススメ

2018年5月31日　第1刷発行

著　者／山﨑《やまざき》ケイ（相席《あいせき》スタート）
発行者／矢﨑謙三
発行所／株式会社主婦の友社
〒101-8911
東京都千代田区神田駿河台2-9
電話（編集）03-5280-7537
（販売）03-5280-7551
印刷所／大日本印刷株式会社

ISBN978-4-07-431295-5

※本書の内容に関するお問い合わせ、また、印刷・製本など製造上の不良がございましたら、主婦の友社(電話03-5280-7537)にご連絡ください。
※主婦の友社が発行する書籍・ムックのご注文は、
お近くの書店か主婦の友社コールセンター(電話0120-916-892)まで。
＊お問い合わせ受付時間　月～金(祝日を除く)　9：30 ～ 17：30
主婦の友社ホームページ　http://www.shufunotomo.co.jp/

※本書はTokyo Cawaii Media（https://tokyo.cawaii.media/）にて好評連載中の「ちょうどいいブスのすすめ」を単行本化するにあたり、加筆修正したものです。